新时代
乡村振兴
路径探索

张文秀 著

河北科学技术出版社
·石家庄·

本专著是山西工程技术学院2022年度"优秀学术专著出版支持计划项目"，是山西省社科联2023—2024年度重点课题"山西省全面推进乡村振兴实现路径研究（课题编号：SSKLZDKT2023188）"研究成果。

图书在版编目（CIP）数据

新时代乡村振兴路径探索 / 张文秀著. -- 石家庄：河北科学技术出版社，2024.2
ISBN 978-7-5717-1867-1

Ⅰ．①新… Ⅱ．①张… Ⅲ．①农村—社会主义建设—研究—中国 Ⅳ．①F320.3

中国国家版本馆CIP数据核字(2024)第039165号

新时代乡村振兴路径探索
XINSHIDAI XIANGCUN ZHENXING LUJING TANSUO

张文秀　著

责任编辑	李　虎
责任校对	徐艳硕
美术编辑	张　帆
封面设计	史　铮
出版发行	河北科学技术出版社
地　　址	石家庄市友谊北大街330号（邮政编码：050061）
印　　刷	河北万卷印刷有限公司
开　　本	710mm×1000mm　1/16
印　　张	13.25
字　　数	202千字
版　　次	2024年2月第1版
印　　次	2024年2月第1次印刷
书　　号	ISBN 978-7-5717-1867-1
定　　价	86.00元

前　言

　　党的十九大报告指出，农业农村农民问题是关乎国计民生的根本性问题，必须始终把解决好"三农"问题作为全党工作的重中之重。

　　近年来，随着新型城镇化的快速发展，越来越多的农村人选择到城市就业和定居，越来越少的人愿意从事农业劳动，他们中的好多人宁愿在城市"蜗居"，也不愿意回农村发展，随之而来的是"留守老人""留守儿童"增加。于是"留守老人"的养老问题，"留守儿童"的教育问题，加上将来谁来种地，国家的粮食安全问题，城乡发展不平衡不协调，城乡资源不能有效地流动等问题出现。解决这一系列问题的关键办法是加强乡村治理，实施乡村振兴战略。

　　因此，实施乡村振兴战略、加强乡村有效的治理，吸引越来越多的人回乡就业和创业，使城乡要素自由双向流动显得尤为重要。

目 录 MULU

第一章 乡村发展中问题及现状分析 … 1
第一节 绪论 … 1
第二节 乡村空心化问题 … 8
第三节 新型城镇化发展对乡村治理的影响分析 … 21

第二章 深化农村集体产权制度改革 … 27
第一节 农村集体产权制度改革内涵和深化要求 … 27
第二节 推进农村集体产权制度改革的成效与问题 … 30
第三节 "十四五"时期深化农村集体产权制度改革的主要任务 … 38
第四节 深化农村集体产权制度改革路径选择 … 41

第三章 推进乡村治理体系和治理能力现代化建设 … 60
第一节 现状及原因分析 … 60
第二节 实施"五治"结合乡村治理模式 … 78

第四章 发挥审计职能助推乡村振兴 … 112
第一节 国家审计促进乡村高质量治理制度供给 … 112
第二节 权责清单视角下审计助推乡村振兴 … 120

第五章 弘扬传统文化赋能乡村振兴 … 128
第一节 优秀传统文化传承意义及现状 … 128
第二节 乡村振兴背景下优秀传统文化传承的路径分析 … 129

第六章 实施循环经济助推乡村振兴 ··· 134
　第一节 建立节水高效农业助推乡村振兴 ······························ 134
　第二节 实施循环经济走可持续发展之路 ······························ 138
附录 ·· 145
参考文献 ··· 196

第一章 乡村发展中问题及现状分析

第一节 绪论

一、乡村振兴

乡村振兴包括产业振兴、人才振兴、文化振兴、生态振兴、组织振兴。十九大报告指出,农业农村农民问题是关系国计民生的根本性问题,必须始终把解决好"三农"问题作为全党工作的重中之重。根据《中华人民共和国乡村振兴促进法》第二条规定,全面实施乡村振兴战略,开展促进乡村产业振兴、文化振兴、人才振兴、生态振兴、组织振兴。

(一)产业振兴

产业兴、百业兴,实现乡村振兴要把农业和产业发展摆在突出的位置,推进农业的高质量发展。产业振兴主要包括两个方面,首先要深入推进农业供给侧结构性改革,质量兴农、绿色兴农、品牌兴农的主旋律,推动农业由增产导向转向提质导向。另一方面,要加快培育乡村产业、乡土产业,促进农村一二三产业融合发展,实现农民增收富裕农村经济繁荣。

(二)文化振兴

文化振兴是实现乡村振兴的思想保障,给乡村振兴在思想上保驾护航。实施文化振兴,要以社会主义核心价值观为引领,采取符合农村、农民和当地地域特点的有效方式,深化中国特色社会主义与中国梦宣传教育,大力弘扬民族精神与时代精神,强化对正能量的宣传。加强爱国主义、集体主义、社会主和优秀传统文化教育，深化民族团结进步教育。

（三）人才振兴

人才的缺失，成为乡村振兴的一大绊脚石。没有人才，谈乡村振兴犹如没有建材谈高楼大厦的建设一样。人才既是乡村振兴过程中的"筋骨"，又是"血脉"。乡村人才振兴要运用政策、机制、机会、产业振兴等多种方式，鼓励社会各类人才能够看到乡村希望、看好乡村未来、看见乡村生活，实现真正的"吸引人才到农村"。

（四）生态振兴

乡村振兴，生态宜居是关键，良好的生态环境是农村最大优势和宝贵财富。绿水青山就是金山银山，生态振兴是乡村振兴的重要支撑，保护生态环境就是保护生产力，发展生态环境就是发展生产力。乡村的振兴和发展，要坚持人与自然和谐共生，任何以破坏环境为代价的乡村振兴之路，都是不可取之路。所以，我们必须走乡村绿色发展之路，让良好生态成为乡村振兴支撑点。

（五）组织振兴

组织振兴是乡村振兴的保障条件，没有组织做保障，乡村振兴就犹如没有航向标。乡村振兴必须是在强有力的组织保障下开展系列工作，推动相应的发展。因此，乡村要治理和振兴，就要培养造就一批坚强的农村基层党组织和优秀的农村基层党组织书记，建立更加有效、充满活力的乡村治理新机制。

二、乡村治理

（一）概念

乡村治理是通过对现有村镇进行合理布局，加强对农村基础设施的建设，提高乡镇的公共服务能力，将现有生态环境进行更好的改善，并将资源进行更好的配置和使用，从而推动当地经济发展，提升广大村民的幸福感。

中共中央办公厅、国务院办公厅印发《关于加强和改进乡村治理的指导意见》（以下简称《意见》）。《意见》提出，坚持和加强党对乡村治理的集中统一领导，坚持把夯实基层基础作为固本之策，坚持把治理体系和治理能力建设作为主攻方向，坚持把保障和改善农村民生、促进农村和谐稳定作为根本目的，建立健全党委领导、政府负责、社会协同、公众参与、法治保障、科技支撑的现代乡村社会治理体制，以自治增活力、以法治强保障、以德治扬正气，健全党组织领导的自治、法治、德治相结合的乡村治理体系，构建共建共治共享的社会治理格局，走中国特色社会主义乡村善治之路。建设充满活力、和谐有序的乡村社会，不断增强广大农民的获得感、幸福感、安全感。

通过对资源进行合理的配置和高效利用，从而助推当地经济和社会发展，提高广大农村居民的物质生活水平和精神文明水平。

（二）乡村治理应遵循以下基本原则和建构思路

一是坚持以人为本。乡村治理实施过程中，要始终把农民群众的利益放在首位。要以维护和发展农民权利、促进社会公平正义为主线，坚决杜绝以破坏农民利益为代价，为凸显政绩为借口的治理措施。要充分调动起农民群众参与乡村治理的积极性，发挥他们的主体作用，鼓励他们在德治、自治方面做出努力，共同建设团结、和谐、幸福、美满的美好家园。

二是坚持城乡统筹发展。在乡村治理过程中，不是片面的、一味地只考虑农村如何治理，如何发展。而是要坚持城乡统筹发展的原则，使城乡之间的要素实现真正意义上的自由流动，从而推动经济更快更好的发展。

（三）背景及意义

随着新型城镇化的快速发展，随之而来的凸显出了一些问题：大量人口外出打工，有些农村衰败现象非常严重；大量土地荒废，好多农村人宁愿在城里打工蜗居，也不愿意回村种地；将来如果没人愿意种地，中国的粮食安全问题如何保障；大量农村留守老人，他们的养老问题如何解决；留守儿童的教育问题，如果长期缺少父母关爱和陪伴，这一群体将来对社会会产生的影响必须引起重视；大量农村人涌入城市，城市高房价、交通拥堵问题如何解决，等等。

如果将农村建设成交通便利，环境整洁，农民在家附近就有可就业的途径；农村养老、医疗，孩子的教育问题都能得到很好的解决；农村基础设施完善；邻里友善和睦，文明和谐，村民整体生活质量能有较大的提升；真正实现农业现代化。乡村越来越好的治理和发展，将会吸引越来越多的人回到农村，从而带动产业的发展，这样一方面可缓解城市的交通拥堵问题，另一方面可使城乡要素实现自由流动。

所以，实施乡村治理，非常必要和迫切。

（四）目标

深入贯彻党的路线方针政策，坚持以习近平新时代中国特色社会主义思想为指导，以改善农村人居环境，提高农村人均收入，提升广大农民的幸福感为主要目标。在探索目标实现的过程中，以活动创建和制度创新为工作路径，抓住重要领域和关键环节，大胆探索、勇于实践，形成推动乡村治理体系和治理能力现代化建设的治理模式。

（五）包含的内容

加强基层党组织建设；强化政治引领；加强乡村人才建设；实施村民高效自治；加强法治乡村建设；发挥德治在乡村治理中的作用；加强智治建设。

三、实施乡村治理的必要性分析

1. 实施乡村治理能有效阻止乡村衰败，有助于农村一二三产业发展

现如今越来越多的农村人不愿意从事农业劳动，不愿意参加农村的建设和发展，而是选择到城市打工或就业，长此下去，农村衰败现象会越来越严重。然而，中国的发展仅仅靠城市的发展而放弃农村是不可行的。所以，我们在实施城镇化战略的同时，也要关注农村的发展，要让城乡协调发展，城乡要素自由流动，从而推动农村一二三产业的发展，阻止乡村衰败。

2. 实施乡村治理有利于未来农业经济的发展，从而有效解决粮食安全问题

随着新型城镇化的快速发展及社会节奏的加快，加上年轻一代人的追求不同，将来谁来种地甚至无人种地将成为一个非常严重的问题，如果将来没有人或者很少有人种地，那我们的粮食就只能靠进口，如此下去势必引发国家粮食安全问题。习近平总书记讲道：中国人的饭碗任何时候都要牢牢端在自己手上，我们的饭碗应该主要装中国粮。由此可见，粮食的重要性。实现乡村治理会吸引更多的人回归农村、农业，从而有效解决谁来种地的问题，进而避免出现国家粮食安全问题。

3. 实施乡村治理有利于解决农村留守儿童教育问题

当前农村的现状是越来越多的农村人选择外出打工，致使农村留守儿童增加，留守儿童只能由双亲一方或者只能由祖父母、外祖父母甚至更长一辈的老人陪伴。老人文化水平有限，在对孩子心理健康、人格形成、学习成绩提升等方面的培养上能力显然不足。留守儿童由于缺乏父母双亲或者一方的陪伴，长此下去他们的心理健康、性格、认知能力等必然会受到影响，进而会变得敏感、焦躁、易怒，甚至难以树立正确的人生观、价值观。与此同时，外出打工的大多数父母因为觉得对孩子陪伴较少，因而常常拿金钱来弥补对孩子的亏欠，这样容易使孩子养成恶习，从而对社会产生不稳定因素。

如果我们的乡村振兴了，越来越多的农村人愿意回到自己的家乡发展，这样他们可以陪伴孩子的成长，甚至越来越多的城里人愿意到农村去就业，学校会吸纳更多更好的师资和教育投资，将在一定程度上改善农村留守儿童的教育问题。从长远来看有利于农村教育事业的发展，有利于祖国的繁荣富强。

4. 实施乡村治理在很大程度上能解决农村养老问题

随着计划生育政策的实施，家庭子女较以前相比大大减少了，农村家庭子女基本为1—2个，而一个家庭所面临的老人是4个以上，农村老人没有固定工资和稳定收入，他们的收入基本上来源于务农和打零工。随着新型城镇化的快速发展，农村大多数年轻人选择外出就业或打工，导致农村留守老人增多，因此，农村留守老人的养老问题成为一个亟待解决的问题。

实施乡村治理，一方面，会让更多在外打工的人回归农村，使留守老人减少；另一方面，乡村得以振兴后，随之医疗、养老、农村居住环境等得以改善，甚至集体经济发展好的村，可以给予分红，这将在很大程度上对农村老人的养老起到很大的帮助。

5. 实施乡村治理有利于缓解城市压力

农村的不发达和种种不便利，致使很多农村人宁可农田荒芜、儿童留守、老人空巢也要挤破头皮涌进城里。越来越多的农村人涌进城里，进而引发严重的大城市病，主要体现在高房价、入学难、交通拥堵、环境污染、就医难等问题。而让人震撼的是出现两片天：一方面，是大城市十分拥挤，城市压力非常大；另一方面，是农村田地荒废、住房破败不堪，宅基地和耕地闲置，荒草一片，凄凉无比。如此下去，久而久之必然形成恶性循环，导致城乡差距越来越大。要想解决城乡发展失衡问题、缓解城市压力，必须进行乡村的有效治理，实施乡村振兴战略，从而吸引越来越多的农村人，甚至城里人到农村就业或者创业发展新农村。

四、目前阻碍乡村治理的主要因素

1. 人才缺乏

一是缺乏有知识头脑、有扎实的群众基础、有创新创业精神、能团结并带动村民致富、能将农村集体资产盘活的农村党支部书记。优秀的党支部书记最好是来自本村的村民，其对本村有深入的了解、有很强的群众基础，如果是企业家或者知识分子更好，他们带着满腔的乡土情怀回到农村，利用在外所学的知识和管理经验，带动村民致富，推动本村各方面发展。经过考察调研得知，凡是先进红旗党组织的村，集体经济发展、村容村貌等方面都比较好，村风较正，村民比较团结。

二是缺乏既懂农业知识和技术，又愿意留在农村从事农业劳动的新型职业农民。农业的发展、农村的振兴离不开人才作支撑，没有好的人才犹如划船没有桨，前行很难。然而当前农村的现状是大量人才外流，因农村的多数青年选择外出到城市打工，农村成了典型的"386199"（妇女、儿童和老人）部队，长久下去必然会严重影响到农村兴旺和农业发展。

基于现实，当前农业、农村发展光靠人才引进不现实，即使短期引进来，长期也留不住。农业发展、农村振兴从根本上讲还得靠培养农村自己的本土人才，一方面他们有着浓厚的乡村意识和对家乡的眷恋，另一方面他们对当地民俗民风非常熟悉，有利于工作的开展。所以培养一批对农村有深深眷恋、愿意留在农村且有一定知识、头脑，能很好接受新鲜事物的现代新型职业农民，并通过制度、待遇、事业、感情等来留住这些人才显得尤为重要。

三是缺乏技术和管理人才。乡村要振兴必须产业得振兴，产业的振兴和发展，离不开技术和管理人才。真正懂技术、能创新、懂管理、会经营的人才，对产业的振兴必然起到很好的助推作用。

2. 单向城镇化趋势，城乡要素不能实现双向流动

"城乡要素双向流动，就是让劳动力、土地、资本、技术、信息等生产要素在城乡之间无障碍流动"。

关于劳动力，在我们追求新型城镇化发展以及城市化率的过程中，大量农村人口流向城市选择在城市扎根生存。但是经过若干年的发展，由于自身知识和技能的欠缺以及城市的高房价、户籍门槛制度等因素，致使他们中的好多人仍然摆脱不了"农民工""打工仔"这一身份。多年在外漂泊加之农村发展滞后，他们中的大多数人宁愿选择在城市做"农民工"，也不愿意返乡务农，这就形成了"进不了的城、回不去的乡"的尴尬局面，出现城乡要素中劳动力单向流动趋势，这对于农业农村发展是非常不利的。

农村劳动力的缺失，连本身土生土长的农村人都不愿意回农村发展，在城市里长大的人更不愿意选择到农村去就业。这样一来，就会导致资本、信息、技术等更不会向农村顺利地流动，于是出现了城乡要素不能双向流动的现象。

3. 土地集约化程度低

当前农村大多数家庭是一家有多块承包土地，尤其是丘陵山区土地非常分散，农村集体土地所有权缺失，农户之间的土地流转自发无序、零散低效。农村以家庭为生产经营单位的土地集约化程度低，不利于大型机械化操作，不利于产业化发展和集约经营，进而导致农业生产效率低、生产成本高、农业效益低，这样不利于现代农业的发展、不利于农民收入的增加，也就不利于乡村

振兴。

第二节 乡村空心化问题

一、现状阐述

乡村空心化是在城镇化过程中，农村人口流动与乡村空间使用区域变化而导致的现象。其主要表现为：乡村主要的居住区域向外扩张，内部却留下了老旧房屋，人口也离开了乡村中心，导致从地理上观测农村人口分布形状是内侧有空缺的空心圆。这些现象的形成因素复杂，一是由宅基地政策和拆迁政策等观念引起的不拆旧屋观念导致的；二是土地管理不力导致的各种新建房屋引起的；三是由于农村落户导致的人口流失等。乡村空心化在新世纪时代背景下的一个产物，这个现象的出现既是威胁，也是机遇。

乡村空心化造成的后果也是多种多样的，要客观看待其对于乡村复兴的影响。正确评估其危害，酌情把握尺度，不要一味地强调民众集体回乡，将其视作一个危机，但同时也是一次机遇，厘清事情的因果，合理安排政策实施，牢牢把握新时代的方向，实施乡村振兴战略。

二、乡村空心化引发的影响

（一）农村劳动力缺失

乡村空心化，让越来越多的年轻人在农村看不到希望，他们看到的是农村的不便利、不发展、不进步。于是他们选择到城市打工或者定居，致使农村劳动力缺失现象严重越来越严重。

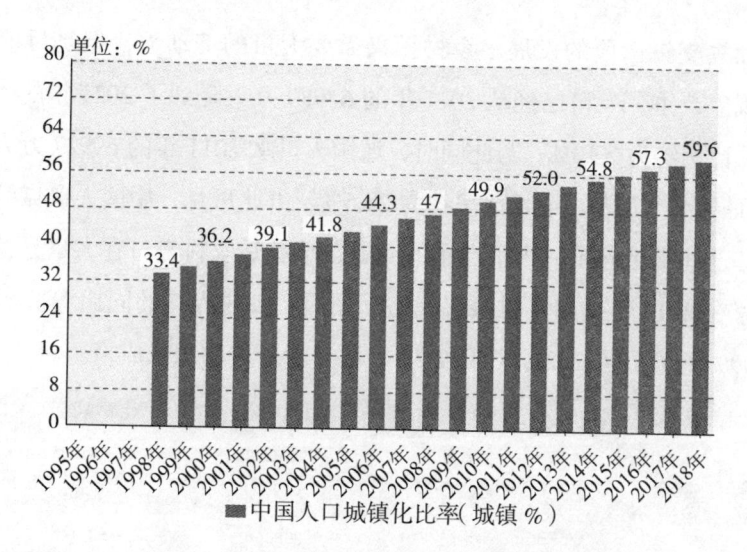

第一章 乡村发展中问题及现状分析

图1 1995—2018年中国人口城镇化比率

通过上图我们可以看到，1995—2018年，中国人口城镇化比率出现非常大的变化。随着经济的快速发展和交通的便利，越来越多的人选择离开农村，他们中的好多人宁愿在城市"蜗居"，甚至住地下室，也不愿意选择回农村。

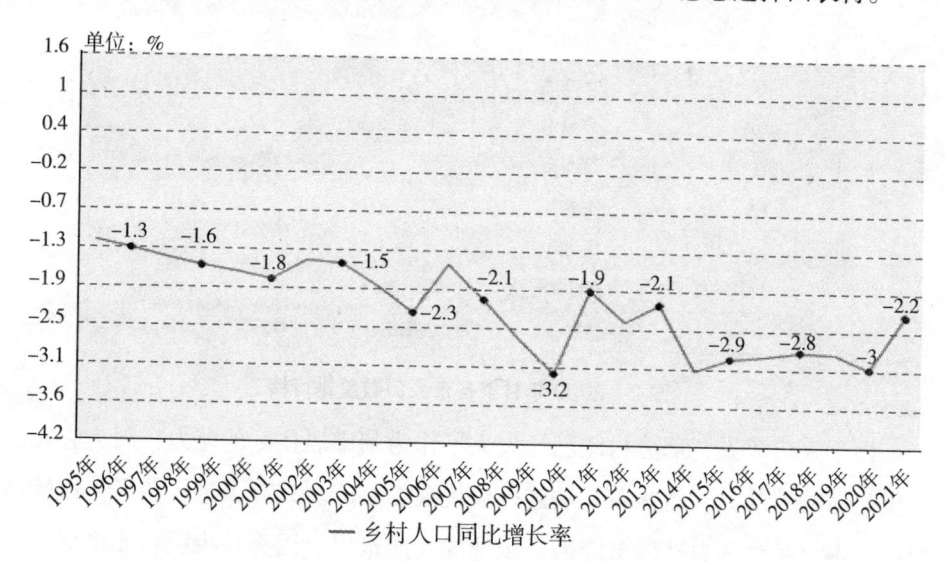

图2 1998—2021年乡村人口同比增长率

从上幅两张图我们可以看到，大量的乡村人口出现了向城市聚集的倾向，大量村庄已经出现了劳动力断层的情况。人口的存在意味着大量劳动力的存在，从而去支撑产业的发展。乡村振兴需要大量的劳动力，但是目前乡村人口流失现象严重，人口已经从 2011 年的 64989 万人降到了 2021 年的 49835 万人，降低比例约为 23.3%；与此同时，城镇人口从 2011 年的 69927 万人增长至 2021 年的 91425 万人，增长比率约为 23.5%。由此可见，中国人口城镇化率越来越高，这些都指向了一个很严重的问题，那就是农村人口在大量且持续地流失。国家在 2017 年提出乡村振兴战略计划后，乡村人口的同比增长率从 2018 年的 -2.9% 升高到了 2021 年的 -2.2%，取得了一定的积极成果。

排名	地区	人口数（万人）	同比增减（万人）
—	甘肃省	2501.02	-8.00
1	兰州市	437.18	8.51
2	天水市	298.00	-3.44
3	定西市	252.11	-2.20
4	陇南市	240.46	-2.02
5	庆阳市	217.91	-0.52
6	临夏州	211.24	1.74
7	平凉市	184.49	-2.68
8	白银市	150.88	-2.38
9	武威市	145.91	-4.16
10	张掖市	112.99	-0.87
11	酒泉市	105.50	-0.54
12	甘南州	69.18	-0.02
13	金昌市	43.76	-0.33
14	嘉峪关市	31.40	0.92

制图：中商产业研究院（www.askci.com）

图 3　2020 年甘肃各市人口数量排行榜

由于人口流失，部分村庄已经失去了作为基础居住区的能力，因为它无法提供足够的劳动力，意味着无法进行成规模的生产。只有少量壮劳力工作的情况下，不仅粮食的总产量会降低，土地的亩产量也会因为缺少照料而降低。大量的生产要素丧失其活跃性，致使发展停滞。举例来说，中国城镇化最低的省份是甘肃，再看甘肃省的人口流动，以疫情前的正常经济发展状态为准，就会发现其人口一直处于流失状态。2016—2020 年的 4 年间人口流失 19 万人。据统计，2019全年甘肃流失人口8万余人（中商产业研究院数据库2020），且其中人口流失较多区域的GDP也受到了一些影响。

再看甘肃省2020年各市人口数量排行榜，除兰州市同比增长8.51万人、嘉峪关市同比增长0.92万人外，其余12个市，均是负增长。

《2019甘肃发展年鉴》：

粮食种植面积258.1万公顷，比上年减少6.4万公顷；

工业增加值2319.7亿元，比上年增长4.9%；

建筑业增加值553.0亿元，比上年增长3.6%；

交通运输、仓储和邮政业增加值438.4亿元，比上年增长8.0%；

批发和零售业增加值646.3亿元，比上年增长7.9%；

住宿和餐饮业增加值158.3亿元，比上年增长9.3%；

金融业增加值862.3亿元，比上年增长10.6%；

房地产业增加值470.5亿元，比上年增长4.7%；

社会消费品零售总额3700.3亿元，比上年增长7.7%；

国内旅游收入2676亿元，比上年增长30.0%。

从上述数据可以发现，甘肃省几乎所有的行业营业收入都有增加，唯有粮食种植面积缩水。说明甘肃省的人口不是各行各业均匀地流失，而是大量的务农人口流向了其他的省市或者是当地的其他行业。这是明显的农村人口流失的特征，说明其农村空心化程度严重，影响到了农业本身的发展。

（二）农村消费需求降低

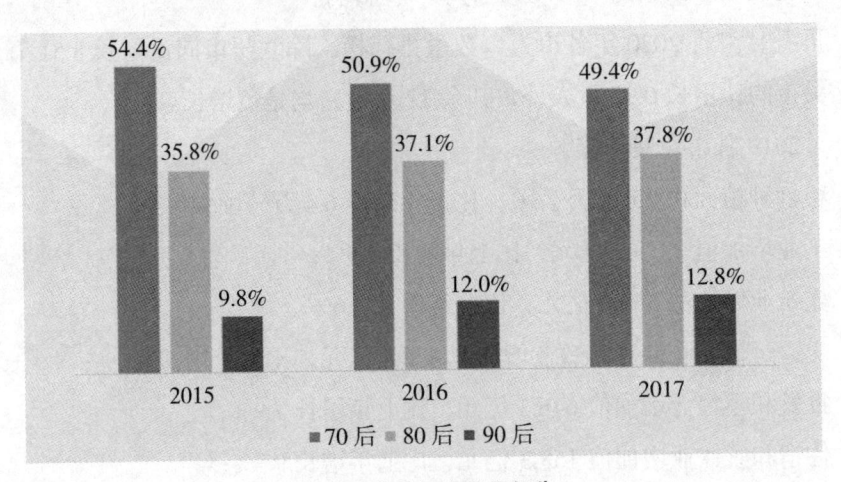

2018 消费升级大数据报告

图 4　70 后、80 后、90 后农村消费需求变化

人是劳动力的同时，也是消费者，而青壮年人更是消费者群体中的主力。根据《2018 消费升级大数据报告》，从表中可以看出，20 世纪 70—80 年代出生的人口消费能力开始逐步下降，"80 后"和"90 后"的消费能力开始增长，而这些人正是 30—50 岁，正是有着大量生产能力的青壮年劳动群体。

再看下面的三个表：

表 1　2021 年全国居民人均消费支出

指标	绝对量（元）	比上年增长（%）（括号内为实际增速）
（三）全国居民人均消费支出	24100	13.6（12.6）
按常住地分：		
城镇居民	30307	12.2（11.1）
农村居民	15916	16.1（15.3）
按消费类别分：		
食品烟酒	7178	12.2
衣着	1419	14.6
居住	5641	8.2
生活用品及服务	1423	13.0
交通通信	3156	14.3

续表

指标	绝对量（元）	比上年增长（%）（括号内为实际增速）
教育文化娱乐	2599	27.9
医疗保健	2115	14.8
其他用品及服务	569	23.2

表2　2021—2016年城镇居民人均消费支出

指标	2021年	2020年	2019年	2018年	2017年	2016年
城镇居民人均消费支出（元）	30307	27007	28063	26112	24445	23079
城镇居民人均消费支出比上年增长（%）	11.1	-6.0	4.6	4.6	4.1	5.7

表3　2021—2016年农村居民人均消费支出

指标	2021年	2020年	2019年	2018年	2017年	2016年
农村居民人均消费支出（元）	15916	13713	13328	12124	10955	10130
农村居民人均消费支出比上年增长（%）	15.3	-0.1	6.5	8.4	6.8	7.8

根据国家统计局2021年的报告《2021年居民收入和消费支出情况》可以发现，其中城镇居民和农村居民的消费支出绝对数额存在着较大差距，城镇居民的消费金额接近于农村居民消费金额的两倍。

同样以甘肃为例：

表4　2015—2021年甘肃省年末常住人口、城镇人口、乡村人口数

指标	2021年	2020年	2019年	2018年	2017年	2016年	2015年
年末常住人口（万人）	2490	2501	2509	2515	2522	2520	2523
城镇人口（万人）	1328	1306	1272	1250	1214	1161	1116
乡村人口（万人）	1162	1195	1237	1265	1308	1359	1407

表5　2015—2021年甘肃省全体居民、城镇居民、农村居民人均消费支出

指标	2021年	2020年	2019年	2018年	2017年	2016年	2015年
全体居民人均消费支出（元）	17456	16175	15879	14624	13120	12254	10951
城镇居民人均消费支出（元）	25757	24615	24454	22606	20659	19539	17451
农村居民人均消费支出（元）	11206	9923	9694	906	8030	7487	6830

以疫情前的数据为准，2015—2019年，甘肃的城镇居民消费增长了约40%，而乡村居民增长了约为42%，差值约为2%；而全国范围内的城镇居民消费增长约31%，农村增长约为44.5%，差值为13.5%。甘肃的农村人均消费

·13·

增长速度并没有很低。但如果结合人口变化，就会发现，农村的消费需求增长其实并不乐观。

甘肃城市消费额在2015—2019年的4年间增长了60%，而农村的消费额只增长了25%，远远落后于城镇。这一数据可能在短时间内不会造成太大的区别，但是长久累积下来导致的基础设施差距、医疗服务差距、交通条件差距等最终都会导致人口的外流，进一步加强乡村空心化程度，对乡村振兴起到反作用。

需求的缺失就会造成市场的忽视。人口和消费的缺失会使得乡村本就不高的消费需求进一步降低，导致各种产品的运输成本和管理成本上涨，所得利润降低，从而被市场抛弃。丧失了市场关注，各种外界的投资就会忽视这些区域，使得乡村的发展受阻，使得乡村的经济状况进一步恶化，导致人口离开，最终形成恶性循环。

（三）城乡协调发展问题

城乡一体化是在乡村振兴中一个很关键的实现途径，在党的十九大报告中提到的乡村振兴战略中，特别提到要走城乡融合，城乡共同发展之路。乡村空心化在城乡融合的过程中是一个极大的阻碍，因为它所表示的就是一个明显的生产要素流出的现象。有人提出想在这种情况下实现乡村的发展，就必须期待经济高度发展的城市会帮助最底层收入的区域，这称为"涓滴效应"。"涓滴效应"是常用的经济学中用以解释向收入区域注入大量资金，从而使其带动周边消费、发展，最终惠及基层民众的方法。国家整体的基尼系数自2003年一直处于0.44之上，于2008年达到0.491，之后逐渐回落，意味着2008年之后的贫富差距在降低。但这是整体方面的情况，在乡村振兴的实际运行中，却并不这样发展，乡村空心化区域的城乡收入差距反而进一步扩大。以城镇化率较低的甘肃、云南为例，为排除疫情影响，选取2019年的数据：

2019年甘肃城镇与农村居民人均可支配收入差值为22695元/人，同比增长7.29%，其中：财产净收入差值为2410元/人，同比增长4.05%；工资性收入差值为18938元/人，同比增长8.87%；经营净收入差值为-1838元/人，同比增长23.37%；转移净收入差值为3185元/人，同比增长8.63%。

2019年云南城镇与农村居民人均可支配收入差值为24335元/人，同比增长7.11%，其中：财产净收入差值为4771元/人，同比增长10.15%；工资性收入差值为16746元/人，同比增长8.15%；经营净收入差值为-2107元/人，同比增长20.84%；转移净收入差值为4925元/人，同比增长5.95%。

因此可以认定，在没有外力干涉的情况下，即使"涓滴效应"真的存在，其产生效果的时间也过于漫长，单一地加大对城市的投资无法满足我国的乡村振兴需求。因此必须要使用更加具有强制性，具有资源倾斜的政策，在此思想的指导下，城乡融合路线产生了。城乡一体化，所强调的是生产要素互相流动的状态。生产要素代表着人口、资源、技术、知识等，要实现要素互相平等流动，那就必须要使得双方存在互有利益需求的互补关系。而由于我国发展初期所采取的具有严重的工业化导向的城乡二元发展模式，导致目前双方的互补性明显不足，农村只能提供农产品等基础产品，其余的各种工业加工需求因为成本因素、生产规模因素、交通运输因素等因素导致均交由城市部分进行集中处理。因此乡村很容易沦为原材料提供地，缺乏接触更多生产要素的机会，因此无法轻易发展自身的经济水平和工业水平。

同时，这种城乡关系也会导致近郊乡村对于临近城市的依赖性极高，缺乏抗风险能力，在城市经济发展不佳时可能会发生规模性返贫。近郊的乡村，由于劳动力不足，注定大量的乡村无法发展高度集成、占地规模庞大的成体系的工业区域，而具备成为高度机械化的农业生产区域资格的村庄数量稀少。因此大量村庄只能成为城市的附庸，用来承接一些城市的溢出功能，或者是承担城市部分的供给侧责任。因此，大量的近郊乡村经济复兴是与周边城市深度绑定的，自身的抗风险能力较低，在市场经济中无法稳定自己的地位。但是，从反面来说，如果城市能够长期平稳地发展，这些周边乡村反而可以有很多机会发展自身的经济。甚至在城市扩张到某一水平后，双方会发生实质性的融合，城市扩张将其覆盖或者是乡村完全成为城市不可或缺的工业产品，旅游服务的提供地。生活，生产设施完备，生活质量进一步提升，彻底变为可以媲美城市的发达区域，达到"城乡等值线"的均衡水平，完成乡村振兴的目标。

当下看来，城市带乡村的城镇一体化政策似乎是最为可行，也最为迅速的振兴乡村经济的办法。但是未来可能造成的乡村吞并，产业依赖，路径依赖等问题，对此也需要注意。

（四）乡村向心力降低

这是乡村振兴中出现较为隐蔽的问题，但也确实是实际存在的，乡村中青年劳动力的流失会使得乡村的向心力和凝聚力降低，进而导致整体的工作效率降低，造成乡村管理困难，村社公共用品供给困难；同时文化传承中断，影响了人们的归属感，降低了村民的生产活力与生产意愿。

同时，离开农村的年轻人也会在外地形成新的"互助圈"，用以帮助来到城市的同乡人，以减轻年轻人对于城市的陌生感与不适感，这种帮助会加速乡村劳动力的流失，使得个人、家庭更加容易脱离乡村资本的框架，流向城市。成规模的、以家族为单位的人口迁出，往往意味着一部分旧有系统功能的缺失，因为很多的乡村精英都是以家族为组织的，如医生世家、木工世家，子承父业在很长的一段时间都是农村的主旋律。缺少了宜居气息的乡村，乡村的宜居度就会进一步下降，正常的运转会受到影响，进而激发人口的外移。

这种农村向心力的缺失是很容易使得乡村丧失其活力，失去其功能，同时也极大地冲击了旧有的根据血缘、家族等关系构成的乡村结构。这是一个新的局面，农村旧有结构受到冲击、削弱，新的结构还未建成，这既是挑战，也是机遇。挑战是旧有结构下的人们还未适应这种转变，劳动意愿低，乡村内部文化断流；机遇则是目前的改变，可以建立新的乡村体系，确保党在农村工作中始终总揽全局、协调各方，为乡村振兴提供坚强有力的政治保障［国家乡村振兴战略规划（2018—2022年）］。

（五）乡村结构变化导致的一系列影响

在乡村结构变化的大背景下，很多人都会在这其中随大趋势运动，但是有一部分人，他们具有资金、知识、人脉或是其他的资源，在乡村振兴中会在部分区域中担任领导的任务，这就是乡村中的精英。根据郭苏建、王鹏翔2020

年的文章《中国乡村治理精英与乡村振兴》中提到的，精英大致可分成两大类，为内生型、嵌入型，其中内生型可分为长老型、能人型、任命型；嵌入型则为治理型。能生型代表了乡村内部的人才能力，而嵌入型则代表了国家所提供的政策性能力，具有极其明显的时代和政策色彩。

  这些角色各自带有不同的利益关系和权力来源，在旧的结构和劳作关系受到破坏的情况下，占据资金，技术资源的精英容易发生外流的情况。而长老型精英的权力来源于同一宗族内部的血缘和地缘的关联性，其往往是具有较长时间维持村庄秩序经验的乡绅家族，或者是宗族大户。这些群体难以抛弃其所具有的人脉资源和地缘血脉而离开。这就会导致一个现象，乡村内部的管理越来越倾向于一个家族，或者是一众亲戚的长老来管理、调节，同时内部也会因为这些其他精英人员的流失，空出大量的行政和组织功能的职责，进一步加强了长老型人才的权力。在这种情况下，很多的外来的有知识的、有资本的人，也就是城归精英会得到一部分村庄运行的职务。但是同时要注意到，村庄本身的精英阶层在这种流失发生时，也更容易产生嵌入型人才脱离村庄的日常事务的情况。外来的精英其本身对于这种流动性较低的乡村社会来说就是陌生人，较难取得信任，很多的政策和日常活动难以正常展开，而且其对于村庄状况和村内人员关系的了解不够经常导致外来人员不能把握民众需求，也与原本的利益集团产生冲突，使得实际操作与实际需求产生偏差，大量政策流于表面工作，无法深入基层人民或是大部分的村民。

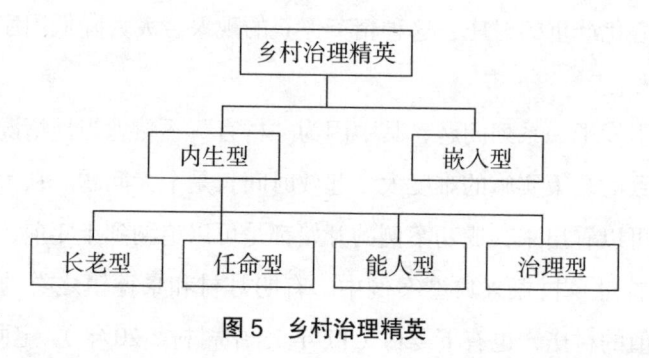

图5　乡村治理精英

  而且实际的政策实施阻碍不仅来自外来精英对于当地情况的不熟悉，同时也会受到本地精英的阻碍。在 Hu Lian、Lu Yang 等人 2019 年的文章中提到，外来的精英在治理时常常会发现现有政策的最先受益者往往是在村中掌握一定知识、技术或资金的人，这些人利用自身的政治或者经济等方面的强势占有了本来为多数人准备的资源，这种现象就叫做精英俘获。胡联，汪三贵在云贵川扶贫计划中的60多个贫困村进行调查，发现地方精英对建档立卡的精英俘获率达到了25%，精英农户仍能成为建档立卡户获得扶贫资源。Alatas在研究印度尼西亚政府和福利计划时发现，精英在乡村发展中是不可或缺的。Conning在他的研究中提到，落后地区的弱势群体缺乏足够的知识和主观能动性，社区的信息搜集与提交，乃至大量工作动员都需要本地的乡绅在其中做大量的工作。这就导致他们必定会接触大量的政策性工作，也是符合村干部工作的人选。因此，在外来精英不足时，内生型精英就是最易通过正当途径获取到权力和影响力的群体。这种乡村社会和国家政府公权力的双重认定的人更容易获取更多的利益，同时也有办法使得原本弱势的群体在社会和经济生活中进一步被边缘化，切断他们和政府之间的信息交流。

同时，根据DANIEL C. MATTINGLY 2016年的研究发现，在资源输入型的政策中，越是大型的宗族，其所在乡村越是有一套固定的社会运行模式，但是这种情况下这些宗族也更容易发生精英俘获。成为村干部的世系首领更倾向于利用他们的社会和政治权威相结合的方式侵占村民的权益，当一个世系首领成为村干部时，侵占民众权益的可能性增加了14%到20%。这一点在经济和政治发展程度落后的地区尤为明显，不幸的是，符合经济、政治双重落后的村庄一般都是空心化严重的村庄，这种精英俘获的现象会大大降低国家扶贫政策的效果。

由此而引发了一系列问题，其中因为"村官"不熟悉当地情况，无法取得村民信任导致的政策实施的难度大，起效时间长是个大问题。从大量的乡村振兴的案例中可以看出来，成功案例的开始都是可以追溯到十年前，甚至是二十年前。全国首批乡村振兴典型案例中，有明月村和景德镇之类的拥有历史特色、旅游价值的村庄，也有下姜村（17年）、中村村（20年）、定西（30年）、三瓜公社附近村庄（15年）等以农产品发展为主要振兴方式的村庄。这些以农业发展为主体的村庄中，其开始治理环境和政策性地发展农业的时间都超过了十年，说得好听点叫厚积薄发，但这也同时反映出政策的起效速度慢，基层投资回收周期过长等一系列问题。

但以上这些结论都是建立在乡村拥有大量资本和资源的主体还是本土乡民的情况下。但如果大量的外来年轻人涌入，情况就变得不同了。2016年，有580万名返乡入乡人员，其中有160万名科技人员和中高等学校毕业生下乡，占返乡人数的1/3（刘兵兵2021），而2020年总返乡人群变成了1100万人，较2019年增长160万。他们已经变成新兴发展力量，带动了超过3000万人的就业。这一数据说明，大量的外来人员入乡，甚至是本来乡里的人员，在外学习到知识技术之后返乡，也会变成乡村运行中所需的精英人员，助力当地乡村振兴。

（六）乡村文化断流

乡村文化简单来讲就是一个地方的道德情感、社会心理、风俗习惯、是非标准、行为方式、理想追求等。不同的地方具有不同的特色文化，这是其具备的独特魅力。

但是当前的社会变化较快，旧有的价值观受到冲击，多种多样的思想文化进入了乡村人民的生活，改变了人们的思想。乡村空心化实际上就已经是文化断流的一种表现形式：对自己家乡失去信心，远走他乡，少了成年人的劳动力的乡村，也无法使得孩子们相信自己的乡土文化。乡村文化的缺失最有可能导致的就是人们的归属感减弱，丧失对于乡村社会的责任感，加速人口流失，导致现状进一步恶化。

（七）乡村土地利用率低

农村空心化不仅是一个人口现象，还是一个空间现象：由于城乡二元体制和户籍制度的限制，以及村庄建设规划的不合理，导致村庄外延的异常膨胀和村庄内部的急剧荒芜，形成了村庄空间形态上空心分布状况。这意味着乡村的中心有大量的土地，但这些土地却并没有被利用起来。村庄建设用地浪费严重，乡村几何中心是大量的废弃房屋或者是闲置房屋，这是由于人口外流而导致的。并且农民外出引起的"人走房空"由个别现象逐渐扩展为普遍现象，导致村庄房屋大量闲置。而且由于村庄的土地管理严格性不足，管理混乱，同时农民缺乏投资知识，仅有的投资想法就是多占地，多拿拆迁款。而且目前的政策下，农村户口具有诸多的优势，因此很多农户改善居住条件时，如举家搬迁到城市，在外地定居时，也不会放弃农村户口，因此还是村集体成员。这种情况下，其所拥有的房屋也会继续合法的保留。在人口大量外出的背景下，村庄建设用地规模因为村庄发展需求继续扩大，但大量房屋闲置，且不能被合法拆除的情况迫使村庄向外扩建。因此，大量的土地遭到废弃，土地利用率较低。

但凡事都有两面性，人口的外移会帮助植被恢复。李仕冀在他的文章中指出，大量的人口外移虽然会造成经济发展减缓，但是其对于环境保护却有着积极的作用。2000—2010十年间，内蒙古人口外流后，其28%的地区植被覆盖状况得到了明显的改善，仅有2%的植被情况发生了恶化。同时根据数据计算，得出了农业劳动力对于植被的影响已经超过了正常情况下气候等因素的影响，人口迁出对于植被恢复有着正面作用。

但这也不是绝对的，李超指出，在经济和基础设施发展到一定地步后，城市的绿化也会被提上议程，这时，适量的人口增加反而会增大绿化面积。但对于目前我们研究的主体——人口流失的乡村来说，没有达到那个发展阶段，因此并不适用。

二、解决方案探究

乡村空心化，其最核心的根本就是乡村发展程度无法容纳大量的劳动力，因此导致的人口外流。因此，实施乡村有效治理显得尤为重要。治理的方法归根结底就一条：实施乡村振兴战略，激发乡村活力，使城乡资源真正实现双向流动。

当前，拥有知识和技术的人才却很少选择乡村，其原因是多种多样的，如基础设施落后、农村产业规模不足，人才所拥有的知识和技术无法发挥、乡村文化落后、缺乏归属感等。因此在当前阶段，人才入乡很大程度只能依靠政策的指引。但这种中短期的资源注入型政策在后续的发展中如何留住人才，保持长久的发展势头是一个难点。在失去政策支撑后，在市场经济中可以占据不可替代的一部分的乡村少之又少，更多的乡村是凭借政策下低廉的成本结合各方企业配合的宣传来达成的乡村振兴。因此，当前如何快速地建立具有吸引力的乡村，并让其占据一部分市场功能是目前乡村振兴的重要任务。

三、总结

乡村空心化这一现象对于目前政策规划中的乡村振兴来说，既是危机，也是机遇。人口流失使得乡村的发展动力不足，留下的空房使得乡村土地规划难度增加，乡土文化遭到破坏使得人口加速外流。但与此同时，外流的人口给了乡村重构社会结构的机会，使党的政策影响力更易于接触人民，大量的外来资本以全新的视角审视乡村的价值，发掘其发展潜力，为全面乡村振兴带来了机遇。

第三节　新型城镇化发展对乡村治理的影响分析

新型城镇化是传统城镇化的新取向与新思维，对其动力机制与实施路径进行明确可以为城镇化建设提供方向性指引。传统发展理念下，我国城镇化发展面临巨大困境，在经济新常态背景下，新型城镇化的内容是经济效益、产业创新、城乡协调及群众生活质量等。建设与发展新型城镇化，需要重视规划、统筹发展，在产业创新的前提下建立起城镇化推动经济进步的动力机制和实践路径。

增长速度平缓背景下完成转型发展模式与调整经济结构的任务，是我国未来一段时期内经济发展需要适应的新常态。在新常态背景下，要逐步调整与升级经济结构，缩小区域与城乡差距，推动新型城镇化的发展进程。

一、传统理念下城镇化发展模式的弊端

（一）土地城镇化模式下房地产的促进力及其弱化趋势

我国实施改革开放政策后，城镇化进程主要以土地开发为基础。20世纪90年代末，我国提出新型工业宏观规划，到2021年末我国常住人口城镇化率为64.72%。但在某种层面上，我国增强城镇化率并不是从本质上提高城镇化率。实践中，导致地方政府促进土地城镇化，既有领导想增强政绩的思想，也是资本力量对其起到的推动作用。以争夺投资为核心的土地开发，既与我国私人资本缺乏多元化投资领域而造成的竞争有关，也与国际资本在大陆的布局与转移有关。土地城镇化背景下，房地产开发为城镇化建设贡献销量与产值，也带动相关产业与金融发展。但投资以房地产为主，既提高投资风险，也会让经济体系的风险进一步集中，导致发展难以持续。今后房地产的发展会减少城镇经济提升速度，并带来负面影响。城镇发展如以发展房地产为主要驱动力，就需要进一步调整原有动力并寻找新动力增长点。

（二）人口城镇化模式下城市容纳水平及其弱化趋势

公用设施、人口、产业的集聚效应和土地集中使用提高空间容纳水平是城镇化的显著优势，其重点是改变农村生产方式与农民身份的同时，改变他们的生活方式。在传统发展模式下，农民生活方式与就业领域的转变缺乏一致性，甚至出现产生背离的情况。农村人口转移到城市是经济发展到一定程度的必然选择，但我国农村人口转移是以农民工的形势出现的，此情况比较特殊。虽然农村人口转移的规模与数量较大，但城镇化水平较差，主要是城乡消费水平不同、农村转移人口依旧贫困及生活质量较差，传统模式下人口转移并没实现预期中全面激发社会需求的目的，难以有效的拉动社会经济效应。城镇化水平较差源自于社会体制，在城乡二元体制下，户籍的约束让农民难以享受城镇的社会保障与公共服务，无法与城市生活真正接轨。城镇化水平较差的原因在于农村转移人口多、生产力低，造成城镇化建设越多、质量越差的现象。

二、新型城镇化的动力发展机制

在城镇化产业结构单一、城镇容纳水平弱化的背景下，新城镇是发展经济的重要载体，可以优化结构、促进投资、拉动内需，为经济发展提供新动力。

（一）新型城镇化需要借助政府推动

借助外部力量阻止地区内低水平循环是经济得以发展的重要观点。我国城镇化具有的内生力量，目前仍处于孕育与形成阶段，缺少自发力量。提高新型城镇化建设要借助于外部的推动力量，此力量大部分来自政府。政府应该在两方面体现作用：首先，通过建设基础设施，健全城镇功能，进而增强城镇对人口和优势产业的吸引力。建立健全休闲娱乐、园林绿化、生活住宅、邮电通信、道路交通等方面的基础设施提高城镇化水平，让其体现出吸收农村劳动力和汇聚生产要素的作用。其次，通过创新与完善制度来提高城镇对人口转移与产业聚集的吸引力。根据经济学的思想理念，经济提升的重点是制度因素，科学的制度设置会推动经济的发展。所以在产业政策方面，政府要为进城创业的企业提供信贷、税收、土地等政策，确保社会稳定与司法公正，建立起宽松的人文环境、奋发的创业环境、高效的运营环境，激发企业向城镇转移的积极性与主动性。在人口政策方面，要消除与清理各种对农民的歧视条例，解决进城农民在子女入学、就业、住房等方面的问题，进而提高城镇对农民的吸引力。

（二）农村城镇化的基础动力是农业发展

农业是人类得以进步的基础性产业，也是地区、国家获得发展的重要基础。城镇化建设与发展是由农业推动的。城镇化进程，就是将落后的自然经济与农村社会改变成文明的商品经济与城市社会。农业进步表现在集约化经营、开发农业资源、农业商品化、更多的农业剩余等方面，这是发展城镇化的基础性条件。而我国很多地区的农业却影响城镇发展。耕地面积降低、生态恶化以及较少土地要养活很多劳动力等问题，都影响先进技术的推广与经营规模的扩大。另外国家发展战略的非均衡性也造成部分地区农业投入不足，农业缺乏发展动力等问题。所以，发展新型城镇化要重视农业的作用，要不断协调工业与农业的发展速度，进而保障城镇化的顺利建设。

（三）城镇化需要借助非农产业的发展

城镇化的建设与进步需要农业产业化提供支持，而农业产业化发展到某种水平时，产业群就会集中在优势地域上，实现到销售、加工、生产、科研等方面的低成本发展，建立起规模较大的产业聚集群。可以将为企业工作的农民带进城镇，增加城镇人口数量。另外产业集群可以有效拓展农业产业化链条，而拓展产业可以增加对第三产业与基础设施的要求，为更多劳动力提供就业。当城镇发展到某种水平后，就形成产业化促进城镇发展、城镇发展拉动产业化进步的良性循环格局。我国很多地区的城镇化水平较低、发展较慢，产业化水平受资本、管理、技术、市场等因素的制约，难以促进城镇化发展。产业布局较零散，没有体现出聚集功能与规模效应。所以，应该根据不同地区的优势制定产业发展规划，既能发挥产业优势，提高农民收入，也能减少企业因劳动力与原材料成本增加而引起的发展缓慢甚至停滞不前的情况。

（四）城镇化发展的内在动力是比较利益机制

农业是经济利益较差的弱质性产业，面临着自然风险与市场风格的影响。因为比较利益的影响，农业劳动力、资本等要求一定要在农业部门推力与非农部门的拉力作用下，向非农部门注入。Pety-Claik定理阐述，在经济发展进程中，劳动力会由第一产业逐步向第二产业转移，当国民收入水平逐步提高时，劳动力会转向第三产业。劳动力各个产业间逐步转变，一定会造成空间布局方面的人力资源重新分配，体现出从农村发展到城市、从分散发展到集中的趋势。产业结构的变化造成经济的工业化与非农化，调整与优化产业布局造成人口居住方式的规模化与聚集化，另外技术、资本等要素也具有相同的转移趋势。我国存在明显的二元结构，要改革与调整企业结构，就要基于二元结构环境促进农村工业化的发展。

三、新型城镇化发展的基本路径

按照等级结合的相关理论，我国中部、西部地区大部分城市仍处于聚集效力差、规模较小的低级组合阶段，其城市结构存在不合理现象，特别是可以带动区域经济发展的大中型城市发展较缓。所以，我国要集中发展与建设大中型城市，让他们以中心城市的地位体现出辐射作用，促进中小城镇的联动发展。在大中城市发展与建设过程中，城镇化进程要走重点培育、稳步发展的道路，要选择具有发展潜力与发展优势的城镇来重点培育，要尽量控制数量，做到既培育又激活。按照我国城镇化进程的发展现状，培育的模式通常有以下几种。

（一）产业型城镇

我国经历过三十余年的农业产业化发展与改革开放实践，很多地区形成较大的产业规模，在部分区域建立起产业聚集。产业集群经济是推动城镇、农村发展的有效载体与途径，借助城镇优势，开展专业化协作与分工，通过各个联系紧密、分工细致产业集群的发展，对产业链条进行延伸，推动配套产业的发展，增强产业核心竞争力与市场占有率，并形成规模效应，进一步促进新型城镇的发展。

（二）区位型城镇

在大中型城市影响力可以延伸和覆盖到的区域建设城镇，通过外力作用可以逐步扩大规模与发展水平。可以在交通较为便利的区域建设城镇，充分体现出交通优势而获得的信息流、价值流、物流与人流汇聚。在审时度势大力发展第二产业与第三产业，推动新型城镇化的发展。在部分市场发展较完善，并拥有一定市场规范的地方建设城镇。借助建设城镇的契机拓展市场的影响范围，以市场建设与繁荣来拓展城镇规划。培育的关键在于不断健全市场功能，进而推进新型城镇发展。

（三）旅游型城镇

开展生态旅游的城镇借助于优秀的环境与自然风光，走城镇发展的道路。例如一些山区型城镇为避免破坏环境，难以进行工业化发展。所以，其应该走旅游产业与高效农业相结合的发展道路。可以借助季节差与资源优势，开发生态农业与效益农业。可以充分探索与挖掘城镇中具有特色的生态环境，建立起休闲旅游品牌，将休闲旅游度假产业当作是主导产业，借助当地人文建筑、自然景观、文化内涵等优势，建立具有较强影响力和吸引力的旅游产业。另外要全面体现特色农产品的种植优势，适当开发休闲农业度假旅游，不断培养出具有当地特色的旅游产品，推动旅游产业发展的同时，促进城镇化建设。

总而言之，城镇化是今后我国经济发展的重要潜力，而改革是将此潜力转变成动力的最好方法。现阶段，我国正处于社会与经济转型期，传统城镇化模式已经无法适应新形势的要求，需要在现代化转型的环境中，全面分析城镇化发展动力机制，进一步盘活资金、产业、土地、人口等要素，提高城镇化品质。为此，各地区应根据自身优势建立起产业型、区位型、市场型、旅游型等新型城镇，以增强新型城镇的建设质量，同时要发展农业与非农业的产业化，进而增强新型城镇经济的持续发展力与竞争力，实现建设小康社会与发展城镇化的目标。

第二章　深化农村集体产权制度改革

农村集体产权制度改革是在社会主义市场经济条件下，在农村基本经营制度基础上对原有农村集体资产产权进行新的有效组合、调节和保护的制度安排。农村集体产权制度改革是农村经济发展的重要举措，是改革农村集体资产归属模糊、分配不均衡的关键措施。通过改革，盘活农村集体资产，提高配置和利用效率，多途径发展壮大集体经济。这对于振兴农村经济，提高农村基层党组织的威信，对加强农村基层党组织建设具有重要的意义。

第一节　农村集体产权制度改革内涵和深化要求

一、农村集体产权制度改革内涵

农村集体产权制度改革是集体经济组织在坚持农民集体所有的前提下，按照股份合作制的原则，将集体资产折股量化到人，由农民共同所有的产权制度转变为农民按份共有的产权制度，农民变股民，按份享受集体资产收益的分配制度。农村集体产权制度改革，是我国农村经济体制的一种创新。

农村集体产权制度改革是中央继农村土地"三权分置"重大制度创新之后，安排部署的又一项管长远、管全局、打基础的重大改革，是发展新型农村集体经济、实施乡村振兴战略的重要制度支撑。习近平总书记对此非常重视，曾先后两次主持会议审议相关文件，并指出："这是中央推出的一项重要改革，对推动农村发展、完善农村治理、保障农民权益，对探索形成农村集体经济新的实现形式和运行机制，都具有十分重要的意义，一定要抓好。"推进农村集体产权制度改革，是发展壮大集体经济、巩固党在农村执政地位的重要措施，是维护农民合法权益、促进农村党风廉政建设的制度创新，是促进农民持续增收、构建农村和谐社会的有效保障。

二、深化农村集体产权制度改革需要把握的原则和基本要求

（一）基本原则

1. 把握正确的改革方向

充分发挥市场在资源配置中的决定性作用和更好发挥政府作用，明确农村集体经济组织市场主体地位，完善农民对集体资产股份权能，把实现好、维护好、发展好广大农民根本利益作为改革的出发点和落脚点，促进集体经济发展和农民持续增收。

2. 坚守法律政策底线

坚持农民集体所有不动摇，在改革中不能把集体经济改弱了、改小了、改垮了，防止集体资产流失。坚持农民权益不受损，不能把农民的财产权利改虚了、改小了、改没了，防止内部少数人控制和外部资本侵占。严格依法办事，妥善处理各种利益关系。

3. 尊重农民群众意愿

农民是集体资产的主人，是产权制度改革的主体，只有农民群众满意了，这项工作也就成功了。所以，在改革中要把准改革方向，始终把实现好、维护好、发展好广大农民的根本利益作为改革的出发点和落脚点。要尊重农民意愿，充分发挥农民主体作用，充分调动农民的积极性和创造力，把改革选择权交给农民，如怎样认定集体成员、资产如何量化到成员、是否保留集体股等，都应让农民自己做主，要确保农民的知情权、表达权和监督权，真正让农民成为改革的参与者、受益者。

4. 分类有序推进改革

根据集体资产的不同类型和不同地区条件确定改革任务，坚持分类实施、稳慎开展、有序推进，坚持先行试点、先易后难，不搞齐步走、不搞一刀切；坚持问题导向，稳定改革的突破口和优先序，明确改革路径和方式，着力在关键环节和重点领域取得突破。

5. 坚持党的领导

坚持农村基层党组织的领导核心地位不动摇，围绕巩固党在农村的执政基础来谋划和实施农村集体产权制度改革，确保集体经济组织依法依规运行，逐步实现共同富裕。

（二）基本要求

1. 明确改革目标

通过改革，逐步构建归属清晰、权能完整、流转顺畅、保护严格的中国特色社会主义农村集体产权制度，保护和发展农民作为农村集体经济组织成员的合法权益。科学确认农村集体经济组织成员身份，明晰集体所有权关系，发展新型集体经济；管好用好集体资产，建立符合市场经济要求的集体经济运行新机制，促进集体资产保值增值；落实农民的土地承包权、宅基地使用权、集体收益分配权和对集体经济活动的民主管理权利，形成有效维护农村集体经济组织成员权利的治理体系。

2. 突出重点任务

全面开展农村集体资产清产核资工作，按照时间服从质量的要求。要先启动试点，重点在成员确认、折股量化、股份权能、集体经济有效实现形式等方面探索路径、积累经验。然后在60%以上的行政村推开，再到所有行政村基本完成。有序推进集体经营性资产产权制度改革，由点到面分期分批实施。

3. 坚持分类推进

对于有经营性资产的村，特别是城中村、城郊村、开发区村和经济发达村，重点是以股份或者份额形式将集体经营性资产量化到本集体经济组织成员，进行股份合作制改革。对于没有经营性资产的村，重点是全面推进各类资源性资产的确权登记颁证，探索盘活农村资源的有效途径，积极发展土地股份合作等多种形式的股份合作制经济。对于有非经营性资产的村，结合美丽乡村建设，重点探索建立健全有利于提高公共服务能力的非经营性资产统一运行管护机制，更好地为集体经济组织成员提供公益性服务。农村集体产权制度改革包括已经实行村改居的城镇社区。

4.落实"三权分置"严守改革底线

坚持公开、公平、公正,严格依法、依归、依政策办事,要切实维护农村稳定。坚持发挥农民主体作用,把选择权交给农民,确保农民群众的知情权、参与权、表达权和监督权。坚持农村土地集体所有权,依法维护农民集体对承包地的各项权能。严格保护农户承包权,任何组织和个人都不能取代农民家庭的土地承包地位,都不能非法剥夺和限制农户的土地承包权。放活土地经营权,依法平等保护经营主体依流转合同取得的经营权,保障其有稳定的经营预期。

在推进农村集体产权制度改革中,始终坚持上述五项基本原则和四项基本要求,在前期的改革中取得了一些成效,但也存在一些问题和不足。

第二节 推进农村集体产权制度改革的成效与问题

一、农村集体产权制度改革各项任务进展情况

(一)基本完成农村集体资产清产核资工作

以河北省为例,全省各市、县(市、区)均结合本地实际制定出台了清产核资工作方案,并按期完成了农村各类资产清查核实、填制报表、数据录入、审核校验、登记造册等各项工作,全面清查核实集体所有的经营性资产、非经营性资产和资源性资产,并将集体资产的所有权确权到不同层级的农村集体经济组织成员集体。截至2019年年底,全省13个市、185个县(市、区)、49321个村(组)全部完成农村集体资产的清查核实、填制报表、数据录入、审核校验、汇总上报、检查验收等各项工作,共清查账面资产2530.16亿元,其中经营性资产824.88亿元;清查资源总量23886万亩,其中:农用地19365万亩、建设用地2581万亩、未利用地1939万亩。

（二）全面开展集体经济组织成员身份确认

农村集体产权制度改革整省推进试点工作，目前全省已有48852个村完成成员身份界定工作，占比99.5%。剩余村（组）也正在按照整省推进计划安排陆续开展成员身份确认工作。完成成员身份确认工作的县级政府均制定出台了本县（市、区）域内农村集体经济组织成员界定的指导意见，各村（组）按照尊重历史、兼顾现实、程序规范、群众认可的原则制定集体经济组织成员确认实施方案，统筹考虑户籍关系、农村土地承包关系和对集体积累的贡献等因素，进行成员身份界定，成员名册全部纳入农村集体资产信息化监管平台归档管理。

（三）积极开展经营性资产股份合作制改革

前期省级以上试点县（市、区）均制定了集体资产股权设置与管理办法，采取"因村施策、分类实施"的办法，因地制宜开展好以资产量化、股权设置与管理、收益分配等为主要内容的经营性资产股份合作制改革。对政府拨款、减免税费等形成资产折股量化作了明确要求和具体规定。股权设置以成员股为主，可设置基本股、劳龄股等，是否设置集体股由集体经济组织成员民主讨论决定。以河北省为例，有经营性资产并已完成股权量化的村（组）有1974个，占全省应完成产权制度改革的重点村数22.3%；无经营性资产并已召开成员大会决议成立经济合作社的村（组）有6856个，占全省应完成产权制度改革的重点村数77.6%。

（四）建立健全农村集体经济组织

前期省级以上试点县（市、区）均制定了农村集体经济组织登记管理办法，出台了农村集体经济组织示范章程，积极探索"政经分离"的实践形式，明确村委会负责社会服务管理和公益事业，集体经济组织负责集体资产经营管理，指导各村成立了（股份）经济合作社，积极推动现代企业治理机制。截至目前，全省有32788个村在农业农村部门完成集体经济组织登记赋码工作，占应完成改革任务村数的 67%。并且，全省特色产业覆盖村、省级园区涉及村和贫困村等三类重点村已全部选举建立"三会"，有 7794 个村在农业农村部门完成集体经济组织登记工作，占应完成改革任务村数的 77%。为了更好地发挥农村集体经济组织管理集体资产、开发集体资源、发展集体经济、服务集体成员的功能作用，河北省邯郸市已率先与中国农业银行、中国工商银行联系银行开户等相关合作事宜，并准备适时在全省推开。

（五）探索赋予农民对集体资产股份权能

前期省级以上试点县（市、区）均制定了集体资产股份有偿退出办法，部分试点县（市、区）配套出台集体资产股份继承办法和集体资产股份抵押、担保贷款办法及配套政策，建立了集体资产股份运营、监督、管理和收益分配制度，明确了集体资产股权有偿退出、继承、赠与、转让、抵押的条件和程序，健全了股权登记备案制度，确保集体资产保值增值不流失。例如：栾城区制定了《农村股份经济合作社股权继承赠与制度（试行）》《农村股份经济合作社股权有偿退出转让制度（试行）》《农村股份经济合作社股权抵押担保制度（试行）》《关于探索支持引导进城落户农民依法自愿有偿转让土地承包权管理办法（试行）》；沧县制发了《农村集体资产股权继承赠与管理办法》《农村集体资产股权有偿退出及抵押管理办法》；隆化县为破解企业、种养殖大户、合作社及农户贷款融资难问题，打造了"政府、银行、企业、农户、保险公司"五位一体的合作贷款模式，通过"政银企户保"将农村集体（股份）经济合作社纳入抵押担保对象，落实集体组织成员股权的抵押担保权能。

（六）多种形式发展壮大集体经济

2019 年初，按照中央有关要求，省委组织部、省财政厅、省农业农村厅印发了《关于〈扶持壮大村级集体经济的工作方案〉的通知》（冀组发〔2019〕2号），决定在中央分配河北省 1142 个村名额的基础上，省财政加大扶持力度，全省按照 1500 个村进行扶持，每村 50 万元。为发挥示范引导和辐射带动作用，重点在承包租赁经营、开发利用集体土地资源、推进股份合作、发展楼宇经济和强化农业生产、乡村旅游、商贸流通与市场管理服务等方面进行扶持。支持各地积极探索，建立以市场为导向的经营灵活、管理有效、运行稳健的集体经济发展模式，鼓励以自主开发、合资合作、投资入股和就业参与等方式，盘活农村集体资产资金资源要素，激发集体成员劳动力活力，拓展村级集体经济发展途径，提升村级集体经济发展质量。

二、前期试点工作成效和改革经验

农村集体产权制度改革，是涉及农村基本经营制度和中国基本经济制度的一件大事，是全面深化农村改革的重大任务，也是实施乡村振兴战略的重要制度支撑，既给集体和农民带来了实实在在的好处，又形成了体现集体优越性和调动个人积极性的农村集体经济运行新机制。在河北省前期试点工作中，我们取得了显著成效并积累了宝贵经验：

（一）前期试点工作成效

一是盘活了集体资产资源。通过开展清产核资，基本摸清了农村家底。过去农村长期存在的集体资产资源管理不清、低价承包、拖欠不交承包费等问题，正在得到逐步清理和完善。广大农民心明了、气顺了。栾城区龙化村通过开展集体产权制度改革将由村民无偿种植的30亩机动地收归集体，年增加集体收入1.5万元，发展乡村旅游，在石家庄首届旅发大会上被评为"庄里外休闲好去处"，为村民开拓了增收新途径。

二是发展壮大了农村集体经济。通过探索农村集体所有制的有效实现形式，盘活了集体资产，促进了集体资产保值增值，壮大了集体经济实力。隆化县西道村发挥区位和资源优势，由村经济合作社牵头，75户农户以农宅所有权入股，成立了七家温泉农宅旅游合作社和草莓公社，合作社统一经营管理，发展农业休闲观光、会议接待、餐饮服务、采摘等业务，年接待游客200余万人，该村成功入选中国美丽休闲乡村。

三是增加了农村财产性收入。通过发展股份合作，创新集体经营方式，集体经济发展成果按股分红，实现了"分股合心、联股联心"，群众更加关心集体，集体和农民的利益联结更加紧密，从制度上最大限度维护了成员的财产权利，有效增加了农民的财产性收入。沧县兴济镇宋官屯村在原有村"开阔合作社"的基础上成立了"宋官屯村股份经济合作社"，并将村集体所有的1022.67亩耕地和承包到户的2320.53亩耕地共计3343.2亩全部流转到了合作社，由合作社统一经营管理，村集体和村民成了股东。该村借助大运河沿线绿化项目，植树造林3318.76亩，每年每户每亩地可获得租金收入800元，村集体可获得总收入131万元。同时，该村积极探索发展林下经济，种植非转基因大豆2900亩，2019年秋共计收获大豆418吨，实现收入148万余元，村集体经济组织纯收入48万元。

四是维护了农村社会和谐稳定。改革后村级组织由村党支部、村委会"两驾马车"，变成了村党支部、村委会、新型集体经济组织三重管理，实现了真正意义上的党政经分开，集体资产管理更加透明规范，从体制上建立了抵制腐败的"防火墙"，农民群众拥有了对集体经济的知情权、参与权、表达权和监督权，真正成了集体资产的主人，巩固了党在农村的执政基础。

五是形成了一大批可复制、可推广的好经验、好做法。如河北省行唐县"二十步工作法"和"45678"工作法；河北省承德平泉市"18步工作程序"，细化每项任务的时间表、路线图；邢台市桥西区清产核资"3344"工作路径，成员身份确认"0319"工作法，分类设置股权"321"工作法；馆陶县农村集体改革"八步工作法"、清产核资"33451"、成员界定的"一统二分三确认"和股权设置的"1+X"；河北省卢龙县"三清三化三收"法；任丘市"一统、二分、三确认"成员身份法；文安县从县级层面鼓励引导所有村街都成立股份经济合作社，为下一步发展壮大集体经济奠定了坚实的基础。

（二）前期试点改革经验

一是要充分尊重农民意愿。农村集体产权制度改革中，要始终把让农民共享改革发展成果，不断增加财产险收入，作为改革的出发点和根本目标，要充分尊重农民意愿，支持农民创新。要将选择权交给农民，相信农民，依靠农民，充分发挥农民主体作用。在这方面，栾城区做得比较好，在集体经济组织成员身份界定及股权配置工作中，坚持"四必须"原则，在村情民情非常复杂的情况下，各村的确认清产核资结果、制定股权配置方案，都经历了至少10次以上反复研究探讨，最终都基本找到了合理的解决方法，赢得了全体村民的支持，实现了工作的顺利推进。

二是要注重宣传引导。深入广泛的宣传推介、动员培训，营造良好的社会氛围，是推进农村集体产权制度改革工作顺利开展的必要条件。河北省前期试点县（市、区）均通过开展宣传引导发动，做足做好改革前期准备工作，使乡村干部群众真正关心改革、支持改革、参与改革，形成了全民动员促改革的主动局面；通过组织业务培训、外出观摩等形式，加强对乡镇、村改革骨干的政策宣传，让广大乡镇、村干部真正明白改革的目的、意义和政策，并且积极参与到改革进程中，确保改革工作顺利推进，取得实效。

三是要因地制宜分类指导。要针对不同地区的不同发展水平，根据实际情况确定不同的改革重点和路径，在省级试点村的确定上，选取城中村、经济较发达村和一般农业村三类村作为改革试点，确保了试点经验的典型性。海港区倪庄村作为2013年自行进行股改后无一例上访的城郊村，近三年每人年均分红2万元，根据2013年改革较为完善、民主程序规范的实情，此次研究制定两套改革方案，交由股东大会民主表决后，继续执行原改革方案不变，实行股权静态管理；房庄村除非经营性资产和二轮承包地以外的其他各类资产，以股权形式折股量化到人，实行"确权、确股、不确值"，即只确定本集体经济组织成员在集体资产总股权中所占的份额，暂不确定每股股值和股份分红，待集体经济发展后再进行股值确定、拟定分红方案。

三、农村集体产权制度改革存在的问题

农村集体产权制度改革试点工作进展顺利，但也要清醒看到，在前期改革过程中仍然存在一些问题和不足，在推进农村集体产权制度改革过程中主要存在以下需要重视和解决的问题。

（一）组织领导有待加强

农村集体产权制度改革是农村改革的重要内容，是乡村振兴最为基础的制度设计。但有的地方领导干部对改革不够重视，思路不清、举措不实。中央强调，各级党委书记是改革的第一责任人。一些地方的党委、政府还没有按照中央和省委省政府要求，把这项工作提到应有的位置，党委书记第一责任人作用没有充分发挥出来，部门合力没有形成，仅仅停留在农业农村部门单独运作的层面。如果这种状况不改变，推进农村集体产权制度改革只能沦为一句空话。

（二）工作保障有待改善

农村集体产权制度改革政策性强、情况复杂、群众关注度高，稍有不慎极易引发矛盾，出现社会稳定问题。因此，为改革提供必要的条件保障是十分必要的。从前期工作中发现的问题来看，需要在两个方面加大支持力度。一是人手方面。虽然各市、县都成立了农村集体产权制度改革领导小组，也设立了办公室，但个别市、县真正推进这项工作的只有2—3个人。这与繁重的改革任务是极不相称的。二是经费方面。2018年，省厅调剂整合项目资金4738万元支持市县两级，农业农村部也安排河北省清产核资专项资金1440万元。今年，省厅安排专项资金7120万元，农业农村部安排清产核资专项资金1663万元。各地要在用好中央和省级资金的同时，积极争取同级党委政府的支持，列出改革专项经费，只有把"人"和"钱"的问题解决了，农村集体产权制度改革才能顺利向前推进。

（三）工作进度有待加快

关于农村集体产权制度改革工作进度，各地能够按照省委省政府的部署稳步推进，但有的地方进度偏慢、覆盖面偏小，如果这种状况得不到改变，很容易形成前松后紧的被动局面。当然在强调加快进度的同时，也要防止出现只求速度，不顾质量，盲目追求排名的现象发生，要按照工作时间服从工作质量的要求，又好又快地完成各项改革任务。

（四）推进程序有待规范

农业农村部和省委省政府在安排部署工作中，对如何稳步推进农村集体产权制度改革都提出了明确要求。但是有的县在改革中没有严格遵循试点方案的要求，没有严格执行产权改革的工作流程，在工作中有简化程序、省略环节的现象。如个别地方未充分尊重农民群众的主体地位；有的地方对撤村并组后资产如何核算、边界如何界定，没有按照中央和省里政策要求给予具体指导；有的地方在集体经济组织成员确认政策上实行"一刀切"，没有交由集体成员集体讨论决定；有的试点县在成员确认中，不考虑村情因素，简单照抄户籍确认成员——"一抄了之"；在股权设置中，没有考虑公平因素，只设人口股——"一股了之"；在股权量化中，怕麻烦、求进度，都成立经济合作社——"一改了之"；在公示环节不讲程序，没有充分尊重农民群众的意愿——"一代了之"；在集体经济组织登记环节要求不严、管理不善——"一登了之"。所有这些现象的出现不利于农村集体产权制度改革的落实落地。

（五）配套措施需要完善

一是实施农村集体产权制度改革，摸清了集体资产，但是在集体资产的盘活、监管上还不是特别到位，比如村里的荒地，怎么使用，怎么壮大还不是特别明晰，上级还没有特别明确。二是当前农村集体经济合作社，在经营集体资产时，产生的效益不是很高。一方面，是因为农村集体经济合作社运行经验不足；另一方面，是因为税收问题，国家没有对农村集体经济的专项税收优惠，农村集体经济组织在经营时国家按一般企业税制标准征收，税收负担高达17%—20%。税收负担率高，无形中压缩了农村集体经济组织的利润空间，农民参与集体经济建设的经营积极性就会大大降低。三是集体经济组织发到农民手里的股权证、土地经营权证、林权证、宅基地证，这些证件抵押融资时还是障碍，还没有破题。虽然国务院已发出相关文件，农民手里的股权证、土地经营权证、林权证、宅基地证除个别试点可以作为抵押物外，但在其他地方银行不给予认可，农民仍然面临因为没有抵押物而融资难的问题。

（六）深层次问题有待研究

撤村并组后资产如何核算、边界如何限定？一些城中村、城郊村、经济发达村在过去进行了股份制改革，实行了公司化运营，如何进行集体产权制度改革？如何充分利用改革成果，发展壮大集体经济？诸如此类的问题还很多，需要我们认真研究，逐个进行破解。

这些问题有些是共性问题，有些是个性问题，可能还有一些其他形式的问题，各地要高度重视起来，坚持问题导向，把解决好问题作为推动改革工作的重要抓手。

第三节 "十四五"时期深化农村集体产权制度改革的主要任务

农村集体产权制度改革涉及农村生产关系的进一步调整和完善，涉及广大农民的切身利益，涉及农村长远发展和社会稳定，是健全农村产权制度的必然要求，是增强农村集体经济发展活力的迫切需要，是促进农民增收的有效途径，也是深入实施乡村振兴战略的重要制度支撑。"十四五"时期深化农村集体产权制度改革要做到"五个全面"。

一、全面完成农村集体资产清产核资

集体资产清产核资是农村集体产权制度改革的基础性工作。家家都有一本难算的账，更别说村集体这几十年的老账了。各地要严格按照农业农村部规定的清产核资"六大步骤"，全面完成农村各类资产清查核实、填制报表、数据录入、审核校验、登记造册、检查验收等各项工作，摸清集体家底，健全管理制度，防止资产流失，为全面开展农村集体产权制度改革奠定坚实基础。

二、全面开展成员身份确认

农村集体经济组织成员身份确认是推进农村集体产权制度改革的关键。时间长了，农村每家每户的成员都会有出有进，如何确认成员身份就成为此次改革最难啃的骨头之一，这里要重点在三个方面下功夫：一是在明确基本原则上下功夫，按照"尊重历史、兼顾现实、程序规范、群众认可"原则，统筹考虑户籍关系、农村土地承包关系、对集体积累的贡献等因素，做好各类人群的成员身份确认工作。二是在规范工作流程上下功夫。各县要制定更加详细的、适合本县县情的农村集体经济组织成员身份确认指导意见，对成员身份确认的时点、程序等有关事项作出原则规定，各村由群众在民主协商的基础上，再研究确定具体的标准、程序和办法。成员身份确认方案需经本集体经济组织成员（代表）会议协商确认后进行张榜公示，接受广大群众监督。三是在结果登记备案上下功夫。成员身份确认结果要进行公示，并通报到所有涉及人员，特别是对未被确认为集体经济组织成员的特殊人群，要做好解释工作，既要得到多数人认可，又要防止多数人侵犯少数人权益，这里一定要严格保护好外嫁女等特殊人群的合法权益。

三、全面完成经营性资产股份合作制改革

折股量化资产搞股份合作，是农村集体产权制度改革的重头戏。对于怎样设置股权、建立什么样的运行机制，需要各地把握好以下三方面原则：一是科学量化资产。在全面清产核资的基础上，将经营性资产和纳入改革范围内的其他资产，以股份或者份额形式量化到本集体经济组织成员，作为其参与集体收益分配的基本依据。资产量化范围要由村集体经济组织成员（代表）大会决定。这里需要强调的是，要落实好政府拨款、减免税费和其他涉农资金投入设施农业、养殖、光伏、水电、乡村旅游等项目形成的资产归集体经济组织所有的政策，探索将其量化到集体成员的办法。二是合理设置股权。股权设置应以成员股为主，可设置基本股、劳龄股等，原则上不设置集体股，可在集体收益分配中提取公积金、公益金，提取比例或数额由成员（代表）会议民主讨论决定。三是规范股权管理。从前期试点经验看，原则上都选择的是"确权到人、发证到户，户内共享、社内流转，长久不变、静态管理"，不随人口增减变动而调整，股权可以在本集体经济组织内部流转。

四、全面建立健全农村集体经济组织

农村集体经济组织是我国农村集体经济制度的主要组织形式。要积极开展农村集体经济组织登记赋码，完成改革的村应建立健全农村集体经济组织，可以称为经济合作社或股份经济合作社，到县级农业农村部门及时办理相关登记赋码手续，取得"法人"资格，并依法开展经营管理活动。要发挥好农村集体经济组织管理职能作用。完成登记赋码的农村集体经济组织应在基层党组织的领导下依法代表成员集体行使集体资产所有权，发挥好管理集体资产、开发集体资源、发展集体经济、服务集体成员等功能作用。各地要依法依规妥善处理好村党组织、村民委员会和农村集体经济组织的关系，厘清权责边界。要强化政策扶持。今后在财政资金扶持中，要将农村集体经济组织与农民合作社、龙头企业等新型农业经营主体同等对待。支持集体经济组织作为申报实施主体参与农业综合开发、农业产业化等农业和农村经济建设项目。

五、全面发展壮大农村集体经济

农村集体经济是我国农村治理框架的重要经济基础，集体手里有"一把米"，农村的很多事办起来就容易。这里要重点加大探索，多种途径发展壮大农村集体经济。如发展股份合作，充分利用各类集体资产、生态环境和人文历史等资源、集体积累和政府帮扶资金等，通过入股或者参股农业产业化龙头企业、村与村合作、村企联手共建、扶贫开发等形式发展集体经济。如发展农业生产服务，支持农村集体经济组织为农户和各类农业经营主体提供产前、产中、产后农业生产性服务，以及旅游、商贸流通与市场管理服务，大力发展农村服务型经济。同时，要扎实组织开展好扶持壮大村级集体经济工作，每年选择一批示范社，开展壮大村级集体经济示范，探索推进农业农村发展的新模式、新业态、新路径，激发村级集体经济发展活力。

为使农村集体产权制度改革深入推进，要在前期试点改革的基础上，汲取经验，改进不足，采取更加科学合理的改革实施方案，使农村集体产权制度改革切实落实落地。

第四节　深化农村集体产权制度改革路径选择

一、坚持问题导向着力处理好以下三个关系

（一）处理好政府指导和农民主体的关系

尊重农民群众意愿、发挥农民主体作用，是推进农村集体产权制度改革的一条基本原则。在改革过程中，政府要把选择权交给农民，由农民选择而不是代替农民选择，但也不能放任不管，要发挥好政府引导和典型示范作用。在改革工作中，政府不能缺位，但是也不能越位。比如，在集体成员身份确认方面，明确规定以县为单位统一制定农村集体经济组织成员身份确认的指导意见，明确工作原则、把握政策界限、规范工作流程，并指导农村集体经济组织在群众民主协商的基础上，制定本集体成员身份确认的具体程序和标准，解决出嫁女、入赘婿等特殊人群的身份问题。

（二）处理好尊重历史和兼顾现实的关系

农村集体资产是各个历史阶段集体经济组织成员劳动成果的累积，因此在农村集体产权制度改革中，既要尊重历史，又要兼顾现实，既要解决现实问题，又要保持历史的耐心。兼顾历史与现实，也就是兼顾变与不变。改革过程中，资产属性是变化的，比如一些校舍等闲置的公共设施，通过开发盘活，也可以转化为经营性资产。而改革底线原则是不变的，无论怎么改，都不能把集体经济改垮了，不能把农民利益损害了，这是改革过程中必须守好的底线，不容触碰。

（三）处理好集体经济发展和防控风险的关系

发展壮大集体经济，增加农民财产性收入，让广大农民分享改革发展成果，是农村集体产权制度改革的出发点和落脚点。近年来，一些地方结合自身

特点，探索了发展新型集体经济的多种途径，让农民从集体收益中获得更多财产性收入，得到了广大群众的拥护和支持。伴随着集体经济组织的注册建立，各地村级负债也会随之出现，对于这个问题，我们也要客观看待。一般来说，越是经济发达的地方负债率越高，越是经济欠发达的地方负债率越低。因此，我们要正确认识债务与发展的关系，既不要把村级债务看作洪水猛兽，也要坚持风险可控、实现良性发展。

二、强化对农村集体产权制度改革组织领导

农村集体产权制度改革前无古人、旁无借鉴、情况复杂、影响面广。各地、各部门要严格按照党中央、国务院的部署要求，切实加强组织领导，健全工作机制，压实主体责任，落实保障措施，不折不扣、优质高效完成各项改革任务。

（一）强化组织领导

强化党政统领，确保组织有力。政府要将农村集体产权制度改革放在加强"三农"工作、筑牢执政基础的高度来认识，纳入当地政府中心工作进行总体布局。严格按照"省级全面负责、市级政策指导、县级组织实施、乡级牵头负责、村级具体操作、部门协调服务"的领导体制和工作机制，切实加大改革推动力度。县乡党委书记要亲自挂帅，承担领导责任，做到亲自部署谋划、具体协调调度。

（二）强化部门协调

省市县乡均成立集体产权制度改革领导小组，并抽调得力人员组成办公室，专职负责推进落实党和国家农村集体产权制度改革。要建立健全部门联动机制，既要紧密配合、相互协调，又要各司其职、各负其责，形成合力推进农村集体产权制度改革的良好工作局面。要充分发挥各级农业农村工作部门牵头抓作用，抽调精干力量，组建工作专班，狠抓工作落实。各级改革领导小组要定期听取工作汇报，协调解决突出问题，各有关部门要按照职责分工，密切配

合，齐心协力，推动改革向纵深发展。

(三) 强化指导培训

省市每年要组织一些有关农业农村发展的培训会、座谈会、学习交流会、先进典型事迹介绍会等。按照"省培训到县、市培训到乡镇、县培训到村"的总体要求，层层开展培训。

1. 对涉农干部的培训

依托国家及各省、市广播电视大学系统优势，省级层面成立"乡村振兴学院"，对省市县乡涉农干部进行系统性、系列化乡村振兴政策理论和操作实务技术培训。只有涉农干部对农村集体产权制度改革精神领会深刻和彻底了，才能更好地去传达和贯彻落实，才能更加有效地组织和推进该项工作。

2. 对基层人员的培训

结合省农业农村厅编制的《农村集体产权制度改革一百问》等资料，培训内容应涵盖以下几方面：农村集体产权制度改革的政策规定和精神要求的深入解读；先进省县农村集体产权制度改革工作的优秀案例方法与经验教训的深入分析；有针对性的进行改革重点难题攻关技巧的交流培训。通过真正让基层干部群众掌握政策、熟悉政策，提高各级党政领导及基层干部的政策水平和业务素质，增强抓改革的自觉性、主动性和创造性，变"要我改"为"我要改"，大力营造群众积极支持和参与改革的良好氛围。各级要组建农村集体产权制度改革政策宣讲辅导团，深入基层巡回宣讲、实地指导、解疑释惑，防止出现偏差，确保规范运作。

(四) 强化督导考核

农村集体产权制度改革是分别在党中央、国务院和省委、省政府备案的重点督导内容事项之一。市县两级也要组织开展经常性调研指导，及时发现并解决工作中存在的问题和不足，确保各项要求部署落到实处。要建立完善综合评价指标体系，建立定期通报、年中集中督查、年底综合评价制度。对工作推动不力、进展不快、大局不稳的县（市、区），督促限期整改，问题严重的进行约谈。各地还要严格落实属地管理责任制,切实将矛盾纠纷解决在基层,化解在萌芽状态,确保不出现进京访、不出现集体访、不出现极端事件、不出现影响稳定的问题,保持全省农村社会和谐稳定。

三、做好农村集体产权制度改革的工作保障

(一)做好人员保障

1. 各市县切实加强对农村集体产权制度改革小组人员的配备

一是保障集体产权制度改革领导干部的配备。在干部配备上,坚持把到农村一线锻炼作为培养干部的重要途径,将优秀干部充实到"三农"战线和基层一线。省市提拔厅局级干部时,优先安排到县锻炼1—2年;市县提拔科级干部时,优先安排到乡镇锻炼1—2年;县政府常务副县长要分管农业农村工作。全面加强党对"农村集体产权制度改革"工作的集中统一领导,并将农村集体产权制度改革定岗定责,细化岗位目标,施行岗位目标责任制,设专人负责。二是保障团队成员配备,以足够的人力推进农村集体产权制度改革。

在人员配备上,学习推广首批国家农村产权改革试点承德平泉市的经验,省市县乡成立农村集体产权制改革领导小组,并抽调得力人员组成办公室,专职负责推进落实党和国家农村集体产权制度改革。试点改革到期、工作职责理顺、专职人员到位后,办公室转换成省市县农村集体经济管理局,常态化开展此项工作,支持发展壮大村集体经济,巩固党在农村执政的经济基础。

2. 组建农村志愿工作组

以县委组织部(老干部局)为依托,成立县退休干部乡村志愿工作办公室,选择已退居二线或刚退休不久、身体健康、积极进取、组织协调能力强、事业心、责任心较强的县直机关干部。包括教师、医务工作者、国企员工、享受国家退休待遇的公职人员,以村为单位组成乡村振兴工作组,常年开展本村帮扶工作。打造一支熟悉农村(本村人)的志愿工作队,以取代从中央、省、市、县党政机关和国有企事业单位抽调人员下乡。这群志愿者对农村当地的状况更加熟悉,加之经过多年的工作经验和人脉资源,与普通农民相比,有更加长远

的谋略和相关的政策熟知，可给当地农村提供更好的帮助和服务。

3.成立乡镇青年创新创业服务中心以吸引人才返乡

推行石家庄市灵寿县的经验，成立乡镇青年创新创业服务中心。对此，政府应出台相应的政策，给人给编给经费，将各村在外打工创业的青年人才聚集到乡镇，进行培育指导成长。通过这种形式，一是给创新创业人员提供信息、政策支持、服务帮助。二是吸引有志之士、愿意到农村发展的人结合当地现状进行创新创业，以此解决更多农村人就业问题，同时助推地方经济发展。三是可以从乡镇青年创新创业服务中心、创业成功人士中择优入党，并经法定程序适时派回村任两委班子成员，以解决农村干部老化、新党员缺乏两个老大难问题。

（二）做好资金保障

农业农村建设面广量大，很多项目都是公益性的，社会效益明显高于经济效益，少数有回报的也是投入大、周期长、回本慢，必须发挥公共财政资金的主渠道作用，加大公共财政倾斜支持力度，在资金投入上优先保障。坚持把农业农村作为财政优先保障领域和金融优先服务领域，提高土地出让收益用于农业农村的比例，确保投入力度不断增强，总量不断增加。省市县三级政府都要设立乡村振兴（农村集体产权制度改革）基金，要有最低额度和财政支出最低比例要求，且逐年增长。省市两级基金投放使用要通过县级基金（管理公司）形成整体合力。同时，加快涉农资金统筹整合，集中力量办大事，发挥好财政资金"四两拨千斤"的作用，撬动更多社会资金配置到农业农村。

四、按规范程序推进农村集体产权制度改革

（一）强化顶层设计，确保指导有方

省市县乡上下都要认真贯彻落实党中央、国务院《关于稳步推进农村集体产权制度改革的意见》精神，严格执行国家改革试点方案要求，并制定出台《省农村集体产权制度改革工作实施意见》《省集体资产股份制权能改革实施方案》

《省农村股改重点工作安排》等指导性文件，明确改革工作的指导思想、基本原则、目标任务、方法步骤、操作流程和保障措施，为搞好工作提供参考。针对改革过程中的关键环节，要专门印发清产核资、成员身份确定、合作社示范章程、股份有偿退出和继承等一系列详细的规章制度，确保工作扎实规范、有序推进。

（二）强化宣传到位，确保群众有愿

坚持把宣传动员工作放在至关重要的地位来抓，搭建"一栏、一榜、一会、一册、一纸"的宣传平台，电视台要开办专栏播放宣传片，乡镇村庄要设立公示榜及时张贴最新政策，组织召开村民大会，印制宣传手册等辅导材料，入户发放明白纸，使改革精神家喻户晓、人人皆知，营造浓厚的改革氛围。建议组织"两委"班子、老党员和致富带头人分赴省外改革成功的地区实地观摩，让群众开阔眼界、解放思想、感受益处。参观学习后，充分发动村干部、老党员、村民代表入户答疑解惑，讲政策、算细账、做工作，深化群众认知，打消群众疑惑。通过多角度、多方位、多渠道的宣传引导，赢得广大群众的充分理解和积极参与，实现村民由"要我改"到"我要改"的思想转变。

（三）强化程序规范，把握"六清"关口

在实施过程中，可借鉴承德市双滦区创造的"12369"工作法。即：明晰一条"党政统领、顶层设计、宣传引导、典型带动、合力攻坚、多元支持"的改革路径；兼顾"国家与集体、集体与成员"两个层面利益；坚持"发扬民主、严格程序、因村制宜"三个基本原则；紧盯"家底清、资格清、权利清、份额清、权能清、管理清"六个核心关口；实施"成立组织、制定方案、广泛发动、清产核资、身份界定、股权设置、股权量化、股权管理、登记运营"九个程序步骤。产权制度改革需要把握好的六清关口：

1.攻克清产核资关，实现家底清

为彻底摸清农村集体资产"家底"，要坚持尊重历史、明确权属、程序规范、全程公开的原则，建议在原有改革试点经验的基础上出台《农村集体经济

组织清产核资工作指导实施细则》，由乡镇、村成立清产核资小组，采取现场清点、走访核实、仪器测量、专业评估等方式，对村集体所有的资金、经营性资产、非经营性资产、各类资源进行全面彻底清查，搞清存量、分布、价值、使用和效益等情况，做到账、物、款、表"四相符"。清理结果要进行公示，并通过召开村民大会或村民代表大会集体确认，对有异议、有问题的及时复查更正，做到数额无误、产权明确、现状清楚、群众认账。按照性质和权属，分类造册、建立台账、上报备案，全部录入"三资管理信息系统"，形成常态化、信息化、长效化管理机制。

2. 攻克成员界定关，实现资格清

搞清到底谁有权参与改革、谁是集体经济组织的成员，是股改的一大关键。在改革中，要充分考虑户籍关系、土地承包、居住状况、义务履行等情况，按照"依据法律、发扬民主、尊重历史、维护稳定"的原则，对成员的条件作出基本界定。在具体操作中要兼顾现役士兵、在读学生、服刑人员、出嫁女、入赘婿等各类群体的利益，注重保护妇女儿童、贫困户等弱势群体。

3. 攻克股权设置关，实现权利清

按照"组织成员人人有股、依据贡献体现差异"的原则，采取"以户籍登记为基础、以村规民约为参考、以民主讨论为结论"的工作方式，对农村集体经济组织的股权进行合理分配。村可以人为单位设置基本股或人口股，凡符合条件的集体经济组织成员，不论年龄大小，一律享受股份。村可按照10%—20%的比例提取公积金公益金，主要用于村公益事业开支。同时，各村要根据村情实际和现实差异，有选择地设置劳龄股、老龄股、贡献股、募集股、奖励股、资产股、土地股、承包地股等作用各异的股种，各种股种占总股本的比例由村集体经济组织成员大会讨论决定，做到因地制宜、一村一策、民主决策、群众认可。严格按照集体资产产权归属于行政村、自然村或村民小组等现实情况，合理设置折股量化的范围，不打乱原集体所有权的界限，不搞人人有份的"平均主义"。

4. 攻克股份量化关，实现份额清

结合各村"三资"现状，通过以资产、资源、资金或混合方式进行折股量

化，组建不同类型的股份经济合作社。对于集体经济相对匮乏、无资金积累和收入来源的村，充分利用土地等资源，以农村土地承包经营权入股，按照土地等级进行折股量化，成立农村土地股份合作社。对于集体资金充足的城中村、城郊村，通过财富积累、村民自筹等方式，对资金进行折股量化，组建股份经济合作社，并成立实体公司，以公司盈利分红、劳务输出，带动农民致富增收。对于集体资金、资产和资源充足、相对富裕的村，进行整村推进，全面盘活，将村集体"三资"进行折股量化，组建股份经济合作社，增加村集体和农民财产性收入。

5. 攻克股权管理关，实现权能清

探索建立农村产权登记与交易服务平台，实现股份在村集体内部的继承权和有偿退出权，暂不允许村集体以外的单位或个人来村认股。搭建农村股份权能管理平台，实现股权变更、股金分红管理信息化，借鉴"政银企户保"政策模式，加强与驻县各类金融机构沟通协商，在有条件的村探索利用股权进行抵押、担保等有效实现形式。

6. 攻克登记运营关，实现管理清

发展农村集体经济，严格规范资产管理是根本。长期以来，集体资产管理是一个薄弱环节，一些老村室、老学校、坑塘等资源常年闲置、荒废，造成村集体资产流失和浪费。村集体有限的收入，更需要科学利用、合理分配。全面盘点村集体资产，精心研究村集体一切可利用的资源，清查摸底，建立台账，统筹管理，有力保证集体资产的保值增值。同时，实行改制的村集体经济组织，要召开股东代表大会，通过股份经济合作社章程，选举产生"两会"（理事会、监事会），作为合作社的管理机构。股东代表大会是合作社的最高权力机构，理事会是股东代表大会的执行机构，负责合作社经营管理等日常工作，监事会负责监督合作社章程的执行情况、每季审查合作社财务并向股东公布等工作。理事会、监事会成员必须是股东代表，可以与村两委交叉任职。建章立制后由政府主管部门登记颁证，或到行政审批部门注册成立，建立完整的公司运营投资、日常管理、财务预决算、合同管理、资产变更登记、收益分配管理、审计监督等制度，确保集体资产经营运转安全有效。

（四）强化方法得当，规范土地流转

1. 将土地以入股形式流转给合作社

可采用土地入股的形式，将土地流转给农村集体经济合作社或农民专业合作社。土地经营权入股，便于土地集中连片，实现规模化经营、标准化生产；便于培育开展适度规模经营的龙头企业和农民专业合作社，为其发展提供物质条件；便于促进农户、家庭农场、龙头企业、农民专业合作社之间构建优势互补、利益共享、风险共担的联结机制，促进适度规模经营的长期稳定，实现小农户和现代农业发展有机衔接。入股农民可到合作社就业劳动，也可参与合作社的经营管理。农民将承包土地流转出去，可实现"三变"改革：（土地）资源变资产、资产变资金、农民变股民（股东），收获"三金"收益：土地流转收租金、在合作社劳动挣薪金、（土地）资产入股挣红金（分红）。

（1）土地经营权入股实现形式

土地经营权入股，要充分考虑地域差异、经济基础及农村劳动力转移等因素，根据实际情况适度开展。根据公司股东、农民专业合作社成员等各方的意愿和要求，合理确定土地经营权入股的形式，培育一批土地经营权出资发展农业产业化经营的公司、农民专业合作社。农户的土地经营权可以依法直接对公司和农民专业合作社出资，还可以先出资设立农民专业合作社，再由农民专业合作社以土地经营权出资设立公司。发挥土地经营权入股对脱贫攻坚的重要作用，有关财政资金在不改变用途的情况下，所形成的资产具备条件的可折股量化给贫困村和贫困户，探索财政资金形成资产股权量化和土地经营权入股联动的有效方式，建立公司、农民专业合作社与农户特别是贫困户的紧密利益联结机制。鼓励探索形式多样、符合实际的入股方式，不搞强迫命令、盲目攀比和"一刀切"，要边试点、边总结、边发展。

（2）土地股份组织运行

探索建立公平合理的土地经营权评估作价机制，作价应考虑土地数量质量、入股期限长短、不同要素比价等因素，参考有关部门发布的土地经营权流转指导价格，由公司股东、农民专业合作社成员等各方协商确定。土地经营权入股公司的，提倡同股同权同责，按股份比例分享决策权、分取收益、承担责任；经全体公司股东约定或公司章程规定，也可实行股、权、责差异化配置，但应符合权利义务对等原则。加强公司、农民专业合作社财务管理规范化建设，财务情况依法向农户（成员）公开。保障公司、农民专业合作社对入股土地经营权的正常合法行使，经农户或其委托代理人书面同意并向村民委员会或集体经济组织书面备案，可以依法依规对土地集中连片整理改造和对土地经营权进行再流转和抵押。妥善处理农户退出问题，探索通过限定最短入股期限、调换地块等方式，稳定公司、农民专业合作社对土地经营的预期。公司、农民专业合作社破产清算后，农户可以按照有关法律法规或公司、农民专业合作社章程规定回购土地经营权。

（3）土地经营权入股风险防范措施

强化风险管控，维护农民利益。土地经营权入股期限不能超过土地承包剩余期限，入股的土地不能改变土地性质和用途，不能降低耕地的基础地力，严禁入股土地"非农化"。鼓励有条件的地方探索建立土地经营权入股风险防范制度。鼓励实行"保底收益+按股分红"，让农民特别是贫困户在土地经营权入股中有稳定收益。

对此，村民委员会或集体经济组织应对承包农户土地经营权入股进行书面备案，对公司、农民专业合作社使用承包地进行监督。探索"优先股"，让农民在让渡公司经营决策权的同时享有优先分红的权利；探索"先租后股"，让农民先出租土地，在公司、农民专业合作社具有稳定良好的经济效益之后再入股。发挥保险化解风险的作用，探索"入股履约保证保险"等多种土地经营权入股保险，为农民的"保底收益"和土地经营权回购提供保险保障；加强农业保险，增强公司、农民专业合作社抗风险能力。

2. 将土地流转给企业

土地是农村农民最主要最普遍的集体资产，允许农民将承包土地流转给企业，鼓励土地规模化、成片流转。允许农民将土地流转给本村或非本村农民经营的外来企业，由企业搞规模经营。农民可得"两金"：土地流转得租金、到流转企业打工或外出打工挣薪金。在流转过程中一定要尊重农民意愿，坚持依法自愿有偿流转土地经营权，不能搞强迫命令，不能搞行政瞎指挥。适应当前农业和农村经济发展需要，采取"内培外引、内外联动"方式，培育发展农业龙头企业，加快农业经济结构调整步伐，分类指导，实施龙头带动战略，强化产前、产中、产后服务，推行标准化生产，大力推进农业产业化进程，使县域经济基础得到进一步夯实。按照农业产业化经营的要求，引导龙头企业与生产基地、农村经济合作组织以及农户建立"公司＋基地＋农户"的发展模式，构建起广覆盖、梯队形的农业生产经营主体队伍。

3.采用家庭经营模式，推行"一户一田"制

源于农业生产严重受自然天气影响、监督成本极高的固有特性，在今后一个相当长的时期，家庭经营仍将是农业生产的一种主要方式。由于我国人多地少、人均不到一亩地的基本国情，目前一般家庭承包土地少则几亩，多则十几亩，很难实现规模经营。在坚持家庭承包制不变的前提下，应鼓励引导农民在村两委的组织协调下，引导农户在土地确权登记颁证基础上，以大块地为基准，将小块地自找对象，主动对调互换，将多块地互换成一块田，鼓励通过整村治理、消除地差、互换并地，基本做到一个家庭户仅有一块地，也就是"一户一田"制，解决"绺绺地""块块田"的问题，从而实现最低水平的规模化经营，提高农业产业化效益和竞争力。

"一户一田"增加耕地面积，促进产业结构调整和规模化种植，将在一定程度上提高土地利用率、产值和农业机械化水平，促进劳动力转移，拓宽农民增收渠道。与此同时，再将林地、四荒地、土地整理新增耕地等资源性资产折股量化，实行股份合作制改革，盘活集体资源资产，发展特色农业、乡村旅游等产业，解决农业组织化程度不高和生产效益低下问题。鼓励农户适度扩大生产规模，培育新产业、新业态，拓展农业农村发展新业态、农民增收致富新途径。

4.采用土地回收利用或托管模式推进农业生产方式改革

对农村集体资产清产核资，依法依规收回，将耕地、坑塘等资源发包经营或由村集体经济公司生产经营，提高闲置资产利用率。借鉴推广元氏等县创造

的经验,成立服务小农户生产的农业生产社会化服务组织,采取土地全托管服务模式,农户只需缴纳一定的托管费把土地托管给专业公司,便可享受从种到收的一条龙服务。托管公司提供灵活多样的农资农机套餐服务,从而实现产量提高、成本下降、效益提升。

(五)强化合力攻坚,确保推进有序

省市县(区)三级政府要站在全局的高度,统筹各级各部门积极参与农村改革试点工作,深化实施"党政领导分兵把守、相关部门各司其职、乡镇村具体实施"推进机制,使上下形成推动农村改革的强大合力。农经部门充分发挥组织推动和政策指导职能,抽调精干力量,组成工作专班,深入基层乡镇、村庄督促指导工作,及时解决改革过程中的各类现实问题。各村成立由党组织为核心的产权制度改革领导小组,在乡镇党委政府的主持下制定各村改制方案,经村集体成员或成员代表会议讨论通过后张榜公布,并上报上级政府批复实施。

(六)强化多元支持,确保行之有效

建议省市县(区)专门分别聘请中国农科院和中国乡建院等相关农业改革的专家作为政府顾问,全程给予技术指导、教学培训和政策咨询。建议在清产核资、资产量化等环节,聘请会计师事务所、评估公司、测绘公司等第三方专业机构深度参与,让专业的人做专业的事。

综上,在实施土地制度改革时要对不同的村庄(平原农业村、山区丘陵村、矿产资源村、文化旅游村、城郊村等)分类施策,分类改革,分批推进。无论采取何种改革方式,都要尊重农民的选择,土地改革一定要突出农民的主体性地位,一定要激发生成农民改革的主动性。

五、完善相应的配套措施

（一）制度保障

1. 制定并完善相应的政策

（1）制定农村集体产权制度改革相关政策

实施农村集体产权制度改革，必须强化制度性供给和政策安排设计，破除阻碍要素自由流动、平等交换的体制机制壁垒，改变资源要素向城市单向流动格局。构建城乡互补、全面融合、共享共赢的互利互惠机制，让土地、人才、资金、技术、科技等各类发展要素更多流向农业农村。建议省、市制定出台相关的政策规定，让农村集体产权制度改革规范运营有章可循。在农村集体产权制度改革、资产登记、合作社机构设置、运营管理、人事管理、人员培训、重大决策等事项上制定一些规范性的政策规定。让集体产权制度改革依法依规、有章可循地开展各项工作，无顾虑地发展经济。比如有条件地允许农村集体经济组织通过民主程序来确定组织机构人员工资待遇、人员选聘、运营管理等重大事项。

（2）健全和做实农业支持保障制度

继续实施主要农作物（水稻、小麦、玉米、大豆、棉花）国家最低收购价政策。创新对粮食主产区、粮食生产者补贴政策改革试点，提高补贴的精准性和有效性。农业补贴要真正补贴给真正种粮的农户、家庭农场、合作社、企业。鼓励各方面种粮的积极性，从而确保国家粮食安全。

（3）建立工商企业租赁农户承包地准入和监管制度

对工商企业规模化租赁农地经营的，要有严格的进入门槛，从租地资格准入、经营风险控制、土地用途监管等环节，探索加强对企业租赁经营农户承包地规范管理的制度办法，建立资金审核、项目审核、风险保障金制度。

一是探索建立租赁农户承包地准入制度。按照《中华人民共和国农村土地承包法》关于土地流转"受让方须有农业经营能力"的要求，研究建立租赁农户承包地准入制度。对各类企业、组织租赁使用农户承包地，严格农业经营能力审查，着重审查企业资信、技术力量、产业规划、风险防范等情况，规范流转行为。

二是建立土地流转风险防范机制。通过推广使用土地流转示范合同，鼓励建立和完善土地租金预付制度。在土地流转面积较大地区，通过政府补助、流入方缴纳等方式，鼓励建立土地流转风险保障金制度。

三是允许在集中连片规模流转区建立必要的生产经营场房和看护生活设施，特别是对于各种动物养殖场、特色花卉、果品种植园区，必须允许建设不超过总流转土地面积一定比例的生产经营、生活看护等基础设施。

四是进一步强化土地流转用途监管。土地流转合同中要载明流转土地的具体用途，不符合规定的不予审批备案，尤其防止借流转之名，行圈占土地搞房地产、庄园、别墅开发之实。加大执法力度，切实纠正农村土地流转后的"非农化"经营问题。

2. 创新税收政策

农村集体产权制度改革的深入推进，不仅要加大各级财政对贫困地区财政转移支付的帮扶力度，同时也要从源头对贫困地区的企业、个体经营者进行税收减免，扩大减免范围、加大减免力度，增强贫困地区企业、个体经营者的发展能力。农村集体经济组织承担大量农村社会公共服务支出，不同于一般经济组织，其成员按资产量化份额从集体获得的收益，也不同于一般投资所得，各地要研究制定支持农村集体产权制度改革的税收政策。在农村集体产权制度改革过程中，免征因权利人名称变更登记、资产产权变更登记涉及的契税，免征签订产权转移书据涉及的印花税，免征确权变更中的土地、房屋等不动产登记费，免征涉农金融机构的支农贷款业务增值税。

3. 细化考核标准

农村集体产权制度改革工作涉及面较广、范围较多，涵盖问题较为复杂，面临的农民纠纷也相对较多。在当前和今后一个相当时期，将农村集体产权制度改革、发展壮大农村集体经济作为省市、特别是县乡两级党委政府的中心工作之一。这就需要政府工作人员能够深入理解上级文件要求，深刻领悟农村集体产权制度改革工作的开展方针与策略。所以要细化相应的考核和奖惩机制，将此项改革工作的完成情况细化到年度党委政府的综合考核中去,层层落实责任、分解目标任务、加强督导检查,以"督考问用"机制倒逼各项改革事项落地生根、开花结果,切实提高省市县乡各级党委对农村集体产权制度改革的积极性。

(二)金融保障

1. 实施县域金融改革

(1)完善农村金融体系

一是引进区外金融机构,要出台加快农村金融发展的优惠政策,吸引鼓励区外金融机构到县里设立分支机构,增加传统涉农金融机构种类。二是发展村镇银行、小额贷款公司的同时,大力支持农村资金互助社等新型金融组织发展。可试点在市县两级成立民间资本管理有限公司,在省市两级建立村级融资担保基金。三是制定市县金融贡献奖考核办法,将金融机构涉农贷款金额和比例双提升作为其业绩考核的重要内容。支持县域各商业银行向上积极争取政策倾斜,优化信贷结构,加大对中小企业、现代农业、新农村建设等方面的信贷支持。四是设立涉农贷款审批"绿色通道",建立线上对接、线下调查的联系机制,强化绿色信贷差异化和动态化管理,加强与家庭农场、合作社等新型主体的合作,发展基于"企业+合作社+农户"的金融服务。

(2)优化农村信用环境

一是推进涉农组织经济档案全覆盖。以县信用社为主体,按照"先建档、后评级、再授信"的工作思路,在所有县域开展农户、家庭农场、村集体股份经济合作社、农民农业合作社、农业企业五类经济组织建立经济档案。二是构建农户及新型农业经营主体信用评价体系。为农户建立经济信用档案,按照"AAA、AA、A、BBB、BB、B、C"7个信用等级予以授信,并实现农户信用信息在涉农银行间共享。普遍开展信用村、信用户评定,给予农村集体经济组织、新型农业经营主体、广大农户普惠金融。积极开展系列信用创建,实行信用乡、信用村、信用企、信用户"四信联建",普遍开展信用户、信用企、信用村和信用乡评定工作。三是升级完善省、市、县农村信用体系管理平台,建设农业农村信用新数据库,将信用信息采集范围由农户扩大到所有涉农经济组织(中小企业),网站功能由单一信息查询升级到信贷产品发布,信息采集方式由单一的管理方主动采集增加到信息主体可自主提供。

(3)创新金融贷款抵押担保方式

在农业经营主体融资缺乏抵押物情况下,结合农村产权制度改革,突破传统贷款抵押模式,进一步盘活农民拥有的各类资产,扩大有效抵(质)押物范围,让土地承包经营权、宅基地、农房、农业机具、果园、茶山、农业设施等资源资产及各种权利和预期收益,均能够作为贷款抵押担保物。

(4)开发金融新产品

充分依托农村农民的"林、地、房"等资源,推出集"房贷""田贷""林贷""信贷"等金融贷款新产品。一是推出农村产权抵押贷款,建立以公益性为主的农村产权交易中心,为农林地经营权、农业设施设备登记发证,对新型经营主体以土地经营权、林地经营权、农业设施设备为抵押物进行贷款。二是创新推出农村住房抵押贷款,选择"区位好、价值高、流通易、需求旺"的区域,推出开发贷、按揭贷、抵押贷等农村住房系列贷款。三是推出以养殖、种植为抵押的流动资金贷款新品种。

(5)县级政府建立农地规模化经营及风险保障基金

一方面,资金用于支持、扶持各种新型农业生产经营实体的规模化经营;另一方面,资金用于防范农业规模化经营失败所形成的风险。推广承德"政银企户保"经验,实施农业保险全覆盖,减轻银行后顾之忧,分散银行放贷风险,提高银行服务三农积极性。设立农业保险基金改革试点,探索政府保险基金与保险公司"联办共保"模式,由政府财政出资成立保险基金,按农户参保费用60%进行直接补贴,提高农户参保积极性,并由保险基金和保险公司按一定比例核算保费收入,分担保险理赔金额。建立农村改革专项基金,主要用于涉农贷款贴息、融资再担保、支农信贷风险补偿等;制定新设涉农金融机构的财政补助办法,对现有涉农金融机构在边远农村地区设立机构网点给予一定财政补贴,对区外银行业金融机构在本地增设分支机构或营业网点给予一定的开办经费补助。

2. 建立农村资金互助合作组织（村社内置金融）

（1）建立农村资金互助合作组织

推广以李昌平为核心领军的中国乡建院创造的经验（发展村社内置金融），选择有一个好的带头人、好班子，有好的群众基础，村民多一些（人口在2000人以上的）的村子，村民有多种产业形态（即经济多元化），有政府给予的种子资金（引导资金）20万以上，每个乡镇选择1—3个符合上述条件的村，开展农民资金互助合作改革试点，让农村农民的资金实现互助合作，解决农村农民生产经营资金需求，以此来扭转当前农户、家庭农场、专业合作社、经济合作社等农业生产主体贷款难、贷款贵问题。

（2）农村互助合作组织的资金来源

省市县政府提供种子资金（引导资金），再吸纳仍然生活在农村的老年人、有资金需求的农民、本村乡贤等自愿入社资金，与种子资金一起形成村社内置金融资金。农村互助合作组织支付给资金提供者的使用费用，要稍高于一年期银行理财收益水平，一般不超过5%。

（3）农村互助合作组织的资金使用去向

资金只在农村内部闭环运行，只允许向加入资金互助合作社的本村村民提供资金，严禁向村外人员和组织提供资金，不允许投向村基础设施建设。

（4）资金互助合作社收益分配制度

成立资金互助合作社的根本目的是向本村农民发展生产提供支持服务，而不是以合作社本身盈利为目的。扣除成本费用后实现盈余，按5∶3∶1∶1进行分配，即50%用于分红，30%留作积累，10%上交村集体用于村民福利，10%用于合作社管理费用。收益分配比例根据发展需要和可能实行动态调整。

（5）农村互助合作资金的风险防控体系

成立由德高望重的老年人（一般3—5人）组成资金发放审核小组，无论数额大小，每笔资金的发放都要经小组审核通过，合作社理事长签批；第一看人，第二看事；原则上每笔贷款一般不超过5万元，使用期限一般为6—9个月，最长不超过一年；申请人要用自家的宅基地、承包地作抵押，或由等额的入社乡贤担保。

（三）法律保障

一是对阻碍农村集体产权制度改革、制约集体经济发展壮大的现有法律法规进行修改或废止。修订调整有关农村产权抵押融资的法律规定，修订《担保法》《物权法》《农村土地承包法》等法律法规中关于禁止农村耕地、宅基地、自留地、自留山等集体所有土地使用权不得抵押的条文。同时，把经过改革实践已经成熟的与产权制度改革相关的做法用法律法规形式固定下来，保护和巩固改革发展成果。比如，加快《省农村土地流转条例》制定步伐，力争在"十四五"前两年出台。

二是依法在全省范围内对各类农民专业合作社进行清理整顿，防止以合作社之名骗取国家补贴。由省人大组织对2017年12月27日新修订通过的、自2018年7月1日起实行的《中华人民共和国农民专业合作社法》各市县贯彻落实情况进行专项检查。在此基础上，依法在全省范围内对各类农民专业合作社进行清理整顿、规范提升，防止以合作社之名骗取国家补贴而行个人侵占之实，归还合作社集体经济之本性。

三是牢固树立农民集体财产神圣不可侵犯意识。在农业农村主管部门成立农村产权纠纷调解机构，以便在最短的时间内化解流转产生的矛盾，有效保护农村集体经济发展和集体产权权益，有效保护农村集体经济掌门人。

（四）技术保障

一是将现代企业科学管理理念和方法引入农村集体经济组织，加快推动集体资产管理信息化，为农村集体经济组织开发科学管理软件，利用大数据技术开发农村集体产权管理系统，更加科学高效地提高农村集体经济组织管理水平和发展能力，推动农村集体资产财务管理规范化、信息化。

二是对完成集体经济组织成员资格认定，确定的集体经济组织成员，以村为单位编制成员名册，连同成员享有的土地承包经营权、宅基地使用权和集体资产股份等集体资产权益情况一并纳入农村集体资产信息数据库。对农村集体资产股份的登记、变更等全部纳入农村集体资产信息数据库，实行动态管理。

对集体资产股份量化改革后成立的各类股份合作组织，在行政审批或市场监管部门注册登记的同时纳入农村集体资产信息数据库。

农村集体产权制度改革，要抓住典型引路这个农村改革的"牛鼻子"，对于农村集体产权制度改革成功的试点，要给予更多优惠政策和支持力度，激发他们的带动作用，从而让农村集体产权制度改革实现从"一枝独秀"到"万木争春"的华丽蜕变。

第三章 推进乡村治理体系和治理能力现代化建设

乡村治理是国家治理的基石，没有乡村的有效治理，就没有乡村的全面振兴。乡村的有效治理，需要推进乡村治理体系和治理能力现代化的建设，乡村治理体系和治理能力现代化建设目前已取得一些成效，但仍存在问题和不足，这些问题和不足阻碍了乡村全面振兴和城乡协调发展。在这样的大背景下进行调研，分析并找出存在的问题和不足，进而提出推进乡村治理体系和治理能力现代化建设的实施方案，助推乡村振兴。

第一节 现状及原因分析

一、推进乡村治理体系和治理能力现代化建设已取得的主要成效

（一）农村基层组织建设进一步加强

农村基层组织，包括设在镇（办事处）和村一级的各种组织，主要是指村级组织。包括基层政权、基层党组织和其他组织三个方面，主要有村党组织、村民委员会、村团支部、村妇代会及"两新"组织（"新的经济组织"和"新的社会组织"），农村基层组织建设在进一步加强。但是，目前受集体经济发展的影响，有些村尚未建立"新的经济组织"。"新的社会组织"也并不是特别的健全。

（二）乡村治理内容逐步充实

党的十八大以来，我省进一步健全乡村治理体系，"三治"建设取得较大进展。

1. 农村自制体系建设上

党支部领导、村代会决策、村委会执行、村监会监督的村级组织框架基本形成；民主选举、民主决策、民主管理、民主监督的任务基本得到落实；村民的知情权、参与权、管理权、监督权基本得到保障，村民自治的法律体系、运行机制、保障措施基本建立起来。

2. 农村法制体系建设上

实施"雪亮工程"，开展"民主法制示范村"创建活动；建立公共法律服务中心和法律援助热线，加强"一村一法律顾问"工作，大力推进"一乡一法庭"建设工作，建立起城镇半小时、乡村一小时法律服务圈；健全人民调解工作，织密调解网络，推进乡镇、村街调委会建设，积极组织开展矛盾纠纷大排查大化解活动，深入开展扫黑除恶专项斗争。

3. 农村德治体系建设上

以文明家庭创建为抓手，广泛开展"好家庭、好公婆、好儿媳"等展现和谐家庭氛围的评选表彰活动，以良好家风带动乡风民风；以文明村镇创建为抓手，村建立了红白事理事会，制定了村规民约。

（三）乡村治理手段不断创新

随着政府各个层级对乡村治理的重视，乡村治理手段在不断地创新，主要有：党建引领、产业带动；清单制；自治、法治、德治相结合；"新乡贤+"模式；"党建+社会治理"等。

（四）农村基本公共服务逐步改善

这几年，在国家大好政策的引导下，农村可以说是发生了翻天覆地的变化。一是农村道路的修建，不但使村民的出行更加便利，而且也便于我们农产品的运出和销售。二是村里健身器材的配备，给老百姓提供了健身的场所。三是有些农村天然气已经进村，给老百姓的日常生活带来了非常大的便利。四是好多农村，快递可以进村了，老百姓也可以在家享受到物品邮寄到家的便利了。同时，他们也可以把需要邮寄出去的东西，通过快递寄出去，改变了过去必须靠自己或者别人捎带的方式。五是农厕改革，对农村环境的改变起到了很大的推动作用。

（五）广大农民的幸福感不断增强

在中国共产党的正确领导和亲切关怀下，广大农民的幸福感不断增强。一是老百姓的收入增加了。一方面，农村集体产权制度改革，使老百姓在土地方面的收入增加。另一方面，农村产业的兴旺，老百姓有了更多的就业机会。农民将土地流转出去，实现"三变"改革：（土地）资源变资产、资产变资金、农民变股民（股东）。收获"三金"收益：土地流转收租金、在合作社劳动挣薪金、（土地）资产入股挣红金（分红）。二是老百姓的医疗有了更大的保障，在很大程度了解决了老百姓看病贵的难题。三是村务更加公开，老百姓主人翁感知不断增强。四是农村邻里关系更加和谐了。通过模范家庭评选、道德模范先进个人评选等乡风文明建设，村里邻里关系较以前更加和谐了。五是农村公共服务保障的改善，使老百姓的文化娱乐活动增加了。现在的农村，老百姓白天忙碌，晚上跳广场舞的越来越多，农村的夜晚不再像以前那样寂静，而是变得更加热闹，这充分说明了老百姓的幸福感在不断地增强。

二、现状的调研

（一）调研思路

调研的思路是：发现问题－分析问题－解决问题。找典型案例点儿进行调研，通过座谈了解其乡村治理中某个成功的点，分析其成功的原因是什么，成功所需要具备的因素有哪些，还有哪些地方还不成功，为什么不成功，需要进一步如何努力，这是调研的整体思路。

（二）调研内容

调研围绕着：农村集体经济推动情况，土地制度改革进展，支撑乡村治理的产业发展情况，可用于乡村治理的人才状况，人才返乡创业就业情况，以及乡村治理中政治、自治、法治、德治、智治情况如何，有哪些成功的经验值得分享，仍然存在什么问题和不足需要改进。

（三）调研过程

（1）山西省阳泉市郊区河底镇固庄村。该村获得多项国家及省级荣誉，其中国家级荣誉有：全国乡村治理建设工作示范村、全国文明村、全国农村幸福社区、全国议事协商创新试验田。省级荣誉有：山西省文明村、山西省民主法治示范村、山西省新农村建设示范村、山西省美丽宜居示范村、山西省卫生示范村、山西省首批社会主义核心价值观示范村。

（2）山西省阳泉市郊区汉河沟村。该村获得多项国家及省级荣誉，其中国家级荣誉有：全国先进基层党组织、全国文明村、全国文明法治示范村、全国生态文明村、国家级森林乡村。省级荣誉有：山西省文明村、山西省卫生村、山西省三八红旗集体、山西省劳动就业先进集体单位、山西省标杆村党支部。

（3）河南省信阳市平桥区郝堂村。

（4）由于疫情原因，内蒙古自治区达拉特旗树林召镇林原村、浙江省宁波市象山县进行电话和微信调研。

（5）承德双滦区，承德市平泉区，石家庄市鹿泉区，石家庄市藁城区，石家庄市行唐县"金丰公社"，石家庄市灵寿县车谷坨村等地走访调研。

通过调研发现，上述这些调研点儿，他们各有各自的优点，有值得借鉴的地方，当然他们仍然需要有进步的地方。

（四）调研结果

经过调研整理，将调研结果总结为以下几个方面。

1. 基层党组织建设非常重要

经过调研发现，凡是乡村治理方面做得好的村，集体经济运转好的，都有一个共同的特点，那就是有一个先进的党支部，基层党组织引领的好。所以，基层党组织建设非常重要。

但是，通过调研也同样发现，农村基层党组织建设方面仍然存在不足。一是有些村基层组织建设滞后，导致农村基层组织凝聚力、战斗力不强，农村社会事业发展难以为继。二是在村干部队伍建设上，由于农村发展空间小、待遇低，农村选贤任能比较困难，能干的不愿回来，在家的思想陈旧、年龄偏大，村两委班子整体素质有待提高，突出表现为村干部队伍运用法治思维和法治方式分析问题、解决问题能力不够。三是大量年轻人外出，导致发展年轻党员困难。四是党的建设平台和载体支撑创新不足。五是部分村干部自身素质不高，导致工作不称职。年轻干部对农业农村工作不熟悉，缺少真正懂农业、熟悉农村、了解农业农村政策的干部，这在镇村两级都有所表现。

2. "领头羊"非常关键

乡村要想更好的治理，有一个好的、能为老百姓所想，能带领大家切切实实干实事的"领头羊"非常关键。经过调研发现，凡是乡村治理方面做得好的，都是有一个受大家拥戴，能够得到大家支持和认可的"领头羊"。这个人不仅要有魄力，还要有胆量，敢承担；不仅要人品好，还要有能干成事的能力；不仅要敢想，还要敢干；不仅有一定的思想，还要善于学习，能够跟上时代的步伐，能够及时接受并吸纳新鲜事物；不仅乐于奉献，还要敢于奉献，能吃苦，能耐劳，有公仆心。

3. 村集体经济发展非常重要

经过调研发现，凡是乡村治理做得好的村，都有一个共同的特点，那就是村集体经济发展得好。村集体经济发展得好，村里就有可支配的收入。收入的部分用于给村民发放福利，如果有村民不配合村里的工作，拖了乡村治理的后腿，那么村里就可以给该村民相应的惩罚，比如停发福利。经济基础决定上层建筑，有经济条件进行限制，乡村治理工作就好推动的多。但是恰恰相反，村集体经济发展不好的村，村里没有可支配的收入，各项工作容易受限。所以，村集体经济发展，是乡村治理工作推进中非常重要的因素。

4. 支撑乡村振兴的产业薄弱

乡村振兴过程中，如果支撑乡村振兴的产业没有夯实，那么乡村振兴就等于是没有经济基础，没有经济基础的支撑，乡村振兴工作很难推进。然而当前，乡村振兴中的产业振兴仍然是一大薄弱环节。主要存在以下几个方面：一是因为农村的集体经济发展不够壮大，农村集体产权制度改革没有深化改革，农村的资源资产没有有效的盘活。二是新冠肺炎疫情对一二三产业产生了不同程度的影响。三是农村人才缺乏，人才流失现象严重，大量的人才流向了城市，城乡要素没有实现双向有效的流动。四是资金短缺，缺乏激活产业的资金支撑。五是缺乏带头人，致使产业发展受阻。

5. 农村公共服务水平依然偏低

农村基础设施薄弱，医疗、养老、教育等方面与城市相比，整体偏低。虽然近几年各级加大了财政支农力度，但是对于庞大的农村基础设施建设，农村的医疗，养老，教育等来说，还是远远不够的，还有非常大需要投入的空间。农村整体公共服务水平还是偏低的，这将在很大程度上对乡村治理起到阻碍作用。

6. 地方村民自治力不足

在乡村治理方面，地方村民自制力不足。主要体现在：一是有些村村民的集体意识有淡化、弱化的情况，认为"事不关己高高挂起"，在不牵涉自身经济利益的情况下，不积极参与村级事务管理、投工投劳、维护集体利益等活动，集体的归属感也不是很强。二是有些村民因外出打工、探亲、看病或在城市帮助子女照顾孩子等，长期不在村里居住，也很少参加乡村自治。三是有些村民参与村民自治的能力薄弱，村民整体学历偏低，村民受教育程度在很大程度上限制了其认知能力，导致其对村民自治的认识、理解和运用受限。

7. 法治乡村建设仍有很大可提升的空间

乡村的有效治理，必须进行法治乡村建设的推进。法治乡村建设，既需要乡镇、村领导干部的重视，还需要广大村民的积极参与。当前法治乡村建设的现状：村民的法律意识依然淡薄，好多村民遇到困难和问题，不知道拿起法律的武器去保护自己，而往往采用过激的行为，以至于导致更多问题和矛盾的出现。出现这些现象的原因，一方面，村民受教育程度有限。另一方面，相关部门对法律方面的宣传教育不够，需要进行教育引导和实践养成的培育。

8. 宣传教育相对缺失

宣传教育，包括土地制度改革政策，法律常识，道德模范，好人好事，五好家庭，劳动模范，先进个人，优秀共产党员，村民心中的好干部，孝贤好儿媳，和睦好婆媳等的宣传教育非常重要。一方面，对相关政策和知识常识的宣传，让广大村民通过学习，用知识来武装自己的头脑。另一方面，模范的力量是无穷的，村民爱跟风。所以，村里要树标杆，要让大家向标杆学习，加强德治建设。

9. 智治建设需要进一步加强

乡村治理过程中，虽利用了互联网信息技术，搭建了互联网办公平台。但是对其利用还不是很好，好多地方没有充分地发挥"智治"平台的作用。

10. 乡村建设中的人才缺乏

乡村要想有效的治理，需要有知识、有能力、有思想、有头脑、有一定的群众基础，敢干并且能够干实事的人。村里如果这样的人多了，那这个村子一定会发展得快而好。而恰恰相反，如果这个村子里，大多是老人和留守儿童，那这个村子的整体发展真的是非常缓慢。

11. 大多地方乡村治理中的"三治"没有形成体系

乡村治理中自治、法治、德治发挥着各自的作用，但却各自存在着种种漏洞。主要体现在：一是自治的深度不够，效率低下。好多地方只是在谈"自治"，这个说法只是落实在了"词"上，而没有真正落到实处。二是法治贯彻的不彻底，不完善，村民法治意识仍然淡薄。三是德治被放空，影响甚微。总之，自治、法治、德治三者各行其是，没有形成体系。

三、存在的问题

（一）治理理念滞后阻碍治理工作的推进

乡村要想有效的治理，首先治理理念必须得跟上。然而，当前一些地方党委政府对这项工作的重要性认识还不够，所以治理理念也就相对滞后。究其原因，主要有几个方面：一是一些地方党委政府的领导干部仍然认为乡村治理这项工作并不重要。二是有些领导干部不愿意"担事"，能"躲"一事，就少一事。三是有些领导干部认为乡村治理就是简单的环境治理，他们认为当前的农村环境较以前相比已经有了很大的改善,认为这就是乡村治理工作的成功。甚至有些领导干部认为,目前农村进行的厕所改革,这就是乡村治理了。他们并不能充分地认识到,乡村治理涉及很多问题,需要创新的手段和方法去进行有效的治理。

(二)治理机制不够完善导致治理能力弱化

1. 一些地方基层党组织的引领作用还不够

村子富不富,关键在支部,支部建得好,能在很大程度上起组织和引领作用;村子强不强,要看"领头羊","领头羊"是乡村治理的关键性人物。可见农村党组织引领的重要性。但是,目前一些地方基层党组织并没有发挥更好的引领作用。主要体现在以下几点。

一是有些地方干部队伍整体素质不够硬。包括干部队伍的思想觉悟,干部队伍的文化素质水平,干部队伍的精神面貌,干部队伍的风气等。这些方面还存在欠缺,这样势必会使干部队伍整体素质受到影响。

二是有些地方干部队伍对乡村治理的重视性还不够。有些干部队伍对党史学习不够,对习近平总书记关于乡村振兴的讲话精神认识还不到位。所以,他们就没有把乡村治理这项工作真正的重视起来。

三是有些干部队伍应付事,不去真抓和落实这项工作。干部不动,就等于这项工作没人推,没人去落实,所以导致工作拖沓不进。

2. 个别基层干部为人民服务的意识不强

虽然,现在的基层管理服务意识较以前相比,有了非常大的改观。但是,在一些地方,有些基层管理人员,仍然"太拿自己当官看",仍然是见了上级领导一个样,见了普通老百姓一个样。老百姓去办事,仍然存在着办事难,办事要看工作人员脸色的现象。有时候,非常简单的事,本来应该给办的事,老百姓需要跑一趟,又一趟,也不一定能办了,甚至需要"找人说话"才行。这种现象的存在,致使好多人能不办就不去办了。久而久之,就会使办事效率大大降低,这将在很大程度上对乡村的有效治理产生阻碍。

（三）"乡村精英"流失削弱乡村治理主体

乡村要想治理和振兴，关键得有人才。然而，当前由于乡村中产业不景气，农村就业机会少，农村没有好的发展平台和潜力，所以"乡村精英"流失现象严重，主要体现在以下几个方面。

一是那些有理想、有抱负、有情怀，想在村里有所发展的人，看到农村没有好的发展机会，会选择外出就业。

二是通过考学考出去的人，学业完成后，看到农村仍然处于落后的状态，没有产业，没有发展平台，跟城市相比各种不便利，于是他们宁可留在城市蜗居，也不愿回到农村。

三是有的村想靠人才引进引进村官，而这个人才，靠引进是不现实的，因为农村的待遇、环境、条件，注定了人才的不好引进。即便是引进了，没有好的平台，也留不住。最主要的是，引进的人，对当地的村风村貌不熟悉，没有群众基础，也非常难开展工作。

如此一来，农村人才只有流失，而没有注入，久而久之，农村会越来越不景气。所以，"乡村精英"流失在很大程度上削弱乡村治理主体。

（四）经济基础薄弱限制乡村治理长效

乡村不仅要治理，而且要注重治理的长效。乡村要想有效的治理，必须有经济做支撑，薄弱的经济基础是乡村治理的绊脚石。经过调研发现，农村集体经济发展较缓是农村经济薄弱的一大主因。到目前为止，虽然我省在农村集体产权制度改革方面取得了一些成绩，但是也仍然面临着一些困难。没有经济做支撑，乡村治理必然受限。

（五）基层干部履职能力欠缺制约乡村治理发展

乡村要想振兴，必须得有"领头羊"，得有好的带头人带领。农村基层党组织干部处于干部级别的最基层，从级别上来看，他们职位不高，但是从重要性上来看，他们却非常关键。因为他们在乡村治理和农业农村现代化改革中，在带领农村老百姓致富中，在乡村振兴的发展过程中，起到"基石"的作用，这块"基石"打不牢，乡村振兴就成了空中楼阁。所以，国家乡村振兴和城乡协调发展政策能否落地和实施，在很大程度上就取决于这个农村基层党组织干部，取决于他们的组织领导能力，对新鲜事物的认知和接受能力，对各项资源的调动和配置能力，以及是否有责任心、有情怀、有全心全意为人民服务的意识，是否有群众基础等。

大多数农村基层党组织干部是非常有事业心和责任心的，但是并不排除有些不尽人意的现象存在。

（六）乡村自治的活力与效能未充分释放

乡村要想更好的治理，自治也非常重要。但是，当前有些地方乡村自治的活力与效能还未充分释放。主要体现在：

一是有些干部思想上在作祟，不希望村民享有议事权，有些干部总是希望大权在握，把自己当成"土皇帝"，完全就是自己说了算，这样的干部不是人民的好干部，这样的干部不能真正地为民做主，这样的干部要不得。

二是村民自治制度不健全。有些地方村规民约还没有真正意义上实现，没有形成"四民主、两公开"等民主自治制度，让村民参与村里议事的制度还没有保障，不能真正实现"民事民议、民事民办、民事民管"，所以就未能调动和激发村民的积极性。

三是村里乡贤作用没有发挥起来。在有些村子里，村干部没有重视乡贤的作用，乡贤评议会没有落实，没有把真正的乡贤推选出来，更谈不上弘扬乡贤精神了。

四是村民法治意识淡薄。村民由于受教育程度有限，加上有些村委会在法律方面的宣传较少，致使好多村民根本就不知道他们享有哪些权利和义务，不知道有些事他们是有发言权的，他们是可以参与的。

（七）法治基础薄弱而德治影响式微

一是在法治方面。由于农村人整体受教育程度偏低，他们所接受的知识有限，所了解到的信息也是有限的，所以农村人整体法制观念较弱。首先，村"两委"成员法律常识不是很健全，他们对法律知识的学习还需要加强，他们自身不是很懂法，也更不会对村民进行法律方面的宣传。其次，村民法律方面的常识更是非常的欠缺，他们中的好多人就不懂法，甚至不知道好多行为是违法的，遇到问题和困难，更不知道如何使用法律的武器来保护自己。

二是在德治方面。好多农村在典型师范引领方面做得还不够，效果没有凸显出来，还没有形成文明的乡风氛围。为发挥农村德治方面的典型模范带头作用，农村不仅要开展"道德模范""最美家庭""孝贤媳妇"等评选活动。更重要的是评选后要宣传，要让评选上的家庭和个人对其他村民起到模范带头作用，要对其他人起到正面的影响。而事实恰恰相反，当前有些农村在评选工作上做得还不够，最重要的是在宣传方面做得还差很多，好多村民不知道有这样的活动，也更不知道所评选上的家庭和个人。

（八）乡村治理依托的公共服务仍是短板

一是资金投入还不够。大多乡镇政府财政收入有限，乡镇政府缺乏财政来源，所以在乡村治理资金投入上显然力不从心。

二是基层服务人员缺乏且整体队伍素质偏低。由于农村其工作环境的特殊性，外地的大学生和有志之士招不来，本地的好多大学生和特别有能力的人不愿意回到当地就业，所以导致基层服务人员缺乏。

三是基层干部的服务意识还不是很到位。经过调研，相关人员反映，一些基层干部仍然"端着官架子"，一副"我是官、你是民"的做派。

四是服务方式还有待创新。

四、原因分析

（一）基层党组织引领作用不够

基层党组织要能起到很好的引领作用，基层党组织与村民之间要能够有效地沟通，中间不能有沟通的隔阂和障碍。然而，经过调研发现，一些地方，基层党组织和村民之间沟通并不畅。主要体现在：一是村"两委"班子做了啥，村民不知道。二是村民有什么困难，心里想的啥，有啥苦，有什么需要解决的，村"两委"班子根本就不清楚。这样容易导致村"两委"班子和村民之间互相猜忌，村民认为村"两委"班子不干实事，光想着自己当官，耍威风了。而村"两委"班子认为村民不配合，甚至把有些村民定位"刁民"。久而久之，矛盾会越积越深，工作会越来越不好开展。

（二）未建立完善的治理体系

1."政治"上还有待提升的空间

一些地方党委政府对这项工作的重要性认识还不够，重视程度还有待于提高。尤其是对习近平新时代中国特色社会主义思想的学习还有待于加强，用习近平新时代中国特色社会主义思想武装头脑、指导实践、激发新农村工作的开展还有待于深入。

2.制度上未形成全覆盖的保障体系

为使乡村治理体系和能力现代化能够更好更快地发展，不仅需要民主选举、民主决策、民主管理、民主监督等制度，还需要落实更加翔实的、跟本地实际情况相结合的产业发展制度，后续帮扶制度，针对性较强的点对点制度等。

3.法治基层治理不能保障

一些地方，乡镇、村干部的法律知识欠缺，村民法治意识更加淡薄。更大的问题在于知识欠缺还不学习，村干部对法律方面的学习不够重视，对村民进行法律方面的宣传教育更少，不能烘托尊重宪法、宪法至上的社会氛围，村民更不会使用法律武器来保护自己，这是乡村治理中法治最大的障碍。

（1）德治示范引领作用不够

在乡村治理过程中，需要德治的示范引领作用。因此，乡贤、乡村最美家庭、道德模范先进个人、文明户、好人好事等带头模范作用非常重要。但是，经过调研发现，目前关于德治方面的引领，一些地方做得并不到位，这些道德模范、先进个人好多村民并不知晓，更谈不上带头作用。

（2）智治能力欠缺

在互联网这个信息时代，在乡村治理现代化建设中，应推行"互联网＋乡村治理"模式。要结合"智慧乡村""智慧党建""政务公开、便民服务、乡村特色"等推行乡村治理的"智治"建设。由于"智治"涉及基础设施、网络基础、网络安全、人员参与的积极性等方方面面。目前乡村治理过程中，这个智慧平台虽然搭建了起来，但是相关信息还不是很完善，村民使用率还不是很高，"智治"建设还有很大待挖掘的空间。

（三）吸引人才返乡和留住人才的机制不完善

乡村要想治理和发展，必须有人才，没有人才做支撑，乡村治理工作很难推动。因此，政府要出台一系列吸引人才返乡并留住人才的机制。近几年，虽然我省在人才引进和留住人才方面出台了一系列的政策，但是目前各省都非常重视人才，甚至上演"抢人大战"，各省不惜"出大招"，招贤纳士，为的就是不但要将本地的人才吸引回来，还要将外地的人才吸引过来。所以，在吸引人才返乡和留住人才方面，我省还有待于进一步完善。

（四）集体经济发展的内生动力不足

有些省农村集体产权制度改革试点工作进展顺利，但也要清醒看到，在前期改革过程中仍然存在一些问题和不足，在推进农村集体产权制度改革过程中主要存在以下需要重视和解决的问题。

1. 组织领导有待加强

农村集体产权制度改革是农村改革的重要内容，是乡村振兴最为基础的制度设计。但有的地方领导干部对改革不够重视，思路不清、举措不实。中央强调，各级党委书记是改革的第一责任人。一些地方的党委、政府还没有按照中央和省委省政府要求，把这项工作提到应有的位置，党委书记第一责任人作用没有充分发挥出来，部门合力没有形成，仅仅停留在农业农村部门单独运作的层面。如果这种状况不改变，推进农村集体产权制度改革只能沦为一句空话。

2. 工作保障有待改善

农村集体产权制度改革政策性强、情况复杂、群众关注度高，稍有不慎极易引发矛盾，出现社会稳定问题。因此，为改革提供必要的条件保障是十分必要的。从前期工作中发现的问题来看，需要在两个方面加大支持力度。一是人手方面。虽然各市、县都成立了农村集体产权制度改革领导小组，也设立了办公室，但个别市、县真正推进这项工作的只有2—3个人。这与繁重的改革任务是极不相称的。二是经费方面。各地要在用好中央和省级资金的同时，积极争取同级党委政府的支持，列出改革专项经费，只有把"人"和"钱"的问题解决了，农村集体产权制度改革才能顺利向前推进。

3. 工作进度有待加快

关于农村集体产权制度改革工作进度，各地能够按照省委省政府的部署稳步推进，但有的地方进度偏慢、覆盖面偏小，如果这种状况得不到改变，很容易形成前松后紧的被动局面。当然在强调加快进度的同时，也要防止出现只求速度，不顾质量，盲目追求排名的现象发生，要按照工作时间服从工作质量的要求，又好又快地完成各项改革任务。

4. 推进程序有待规范

农业农村部和省委省政府在安排部署工作中，对如何稳步推进农村集体产权制度改革都提出了明确要求。但是有的县在改革中没有严格遵循试点方案的要求，没有严格执行产权改革的工作流程，在工作中有简化程序、省略环节的现象。如：个别地方未充分尊重农民群众的主体地位；有的地方在集体经济组织成员确认政策上实行"一刀切"，没有交由集体成员集体讨论决定；有的试点县在成员确认中，不考虑村情因素，简单照抄户籍确认成员——"一抄了之"；在股权设置中，没有考虑公平因素，只设人口股——"一股了之"；在股权量化中，怕麻烦、求进度，都成立经济合作社——"一改了之"；在公示环节不讲程序，没有充分尊重农民群众的意愿——"一代了之"；在集体经济组织登记环节要求不严、管理不善——"一登了之"。所有这些现象的出现不利于农村集体产权制度改革的落实落地。

5. 配套措施需要完善

一是实施农村集体产权制度改革，摸清了集体资产，但是在集体资产的盘活、监管上还不是特别到位，比如村里的荒地，怎么使用，怎么壮大还不是特别明晰，上级还没有特别明确。二是当前农村集体经济合作社，在经营集体资产时，产生的效益不是很高。一方面是因为农村集体经济合作社运行经验不足；另一方面是因为税收问题，国家没有对农村集体经济的专项税收优惠，农村集体经济组织在经营时国家按一般企业税制标准征收，税收负担高达17%—20%。税收负担率高，无形中压缩了农村集体经济组织的利润空间，农民参与集体经济建设的经营积极性就会大大降低。三是集体经济组织发到农民手里的股权证、土地经营权证、林权证、宅基地证，这些证件抵押融资时还是障碍，还没有破题。虽然国务院已发出相关文件，农民手里的股权证、土地经营权证、林权证、宅基地证除个别试点可以作为抵押物外，但在其他地方银行不给予认可，农民仍然面临因为没有抵押物而融资难的问题。

6. 深层次问题有待研究

撤村并组后资产如何核算、边界如何限定？一些城中村、城郊村、经济发达村在过去进行了股份制改革，实行了公司化运营，如何进行集体产权制度改革？如何充分利用改革成果，发展壮大集体经济？诸如此类的问题还很多，需要我们认真研究，逐个进行破解。

这些问题有些是共性问题，有些是个性问题，可能还有一些其他形式的问题，各地要高度重视起来，坚持问题导向，把解决好问题作为推动改革工作的重要抓手。

（五）对基层干部的选拔考核及激励机制不健全

基层干部是乡村治理过程中的关键性人物，基层干部选的好，乡村治理运行过程中就会顺畅很多。但是，当前农村基层党组织干部选拔、考核及激励过程中还是存在一些不足的。

1. 全靠选票决定基层党组织人选，容易助长拉选票现象

通过对普通群众和基层党员访谈我们得知，在农村基层党组织干部的选举

过程中,仅靠选票这一项指标来决定入选人员,这样选出来的农村基层党组织干部,表面上看是非常公平的,但其实不然。因为农村有其特殊性,那就是农村的家族势力不可小觑。在农村基层党组织干部选举过程中,谁家的家族势力大,谁的选票无形当中就会多,这是一个不变的事实。同时,有些打算当选为农村基层党组织干部的人,他们还会通过贿选的方式来拉选票,利用他在农村家族势力的影响,通过多种形式来拉取选票的现象非常常见,这样显然导致了选票结果的不公平。

2. 真正有情怀、有能力的人不一定能当选

农村基层党组织干部需要的是有公正心、事业心、责任心、上进心,宽容心的人,他们不仅要真真正正地把老百姓装在心里,而且要确实有能力承担起为老百姓谋幸福、为农村事业发展谋未来的重任。能担当起此重任的人,既要有高尚的情怀,又要有一定的文化知识,更要有扎实的群众基础,还要有思路、有方法、有计划地带动老百姓致富;他们既要得到上级管理部门的认可,更要能得到老百姓的信服。

但是,由于当前农村基层党组织干部主要靠选票来决定人选,在农村,家族势力大的人,能拉选票的人容易当选。而真正有情怀、有能力、有想为老百姓办实事,有一定想法的人不一定能当选,这种不良的现象仍然存在。

3. 对农村基层党组织干部激励不到位导致其积极性受挫

农村基层党组织干部很辛苦,工作条件艰苦,工作对象特殊,工作内容复杂,在他们内心深处是非常希望能得到上级组织和百姓认可的。如果让他们看到,上任以后的农村基层党组织干部,干与不干一个样,干好干坏一个样,任职期间所在的农村变化非常大的与没有任何起色的一个样,如果对他们没有实质性的奖励、没有任何惩罚措施,大家任职期间拿一样的工资,享受一样的待遇,那他们的积极性势必会受到影响。所以,一套良好的考核及激励方案,可以在很大程度上调动农村基层党组织干部的积极性。

(六)督促及监督保障机制不到位

乡村不但要治理,而且要有效地治理。治理的方法是否得当,治理的效果

是否达标，是否能切实助推乡村振兴，这需要有关部门给予有效的监督。监督部门要制定详细的考核和奖惩措施。对于治理措施到位，且执行效果讲好的，要给予奖励。对治理不重视、不落实，敷衍了事的，要给予通报批评和其他的惩罚措施。然而，目前我省关于对这项工作的督促和监督并不到位。

（七）农村法律和乡贤人才缺乏

一是农村法律人才缺乏。近年来，随着新型城镇化的快速发展，大量的农村人口流向城市，农村成为典型的"386199部队"阵地。也就是说，农村留守时间最长的人是妇女、儿童、老人，青壮年和有一定知识和文化的人，大多选择在城市定居或就业。虽然有些青壮年选择在农忙季节回家，但是他们也是季节性地回去，对农村事务参与性较低，也就在很大程度上导致农村常住人口的整体知识水平处于偏低状态。知识，包括法律知识的欠缺，致使乡村治理中法治基础薄弱。同时，乡镇及村干部法律方面知识也并不充足，这将在很大程度上阻碍了乡村治理中的法治建设。

二是乡贤缺乏。乡贤，指德才兼备，威望较高，能让村民尊敬和信服，能让村干部敬重的人。乡贤，由于有很高的威望和很好的群众基础，所以他们能够在化解矛盾、调解纠纷、促进和谐，在乡风文明带动上，有很大的带动性和号召力。因此，在乡村治理和乡村振兴过程中，乡贤能够在很大程度上起到很好的推动作用。然而，目前农村这样的乡贤较少。有一些是从农村走出去到城市参加工作的，他们是给社会做出贡献的人，这样的人往往在村里威望很高。但是由于种种原因，他们中的大部分人，退休后没有选择返乡，而是继续留在城市。

（八）乡镇政府公共服务能力不足

乡村有效的治理，需要乡镇政府的公共服务做支撑。然而当前，乡镇政府在助推乡村治理方面的公共服务能力还是不足的，主要体现在以下几个方面：

1. 干部队伍存在的问题

一是干部队伍素质需要整体再提高。经过调研发现，乡镇干部整体学历偏低。本科以上学历者占比5%左右，研究生学历的更是寥寥无几。学历层次，在很大程度上会影响到一个人的眼界和见识，会影响到一个人的处事能力。当前，乡镇政府公共服务人员的整体素质还有很大的提升空间。

二是有些干部责任意识淡薄。有些乡镇干部，就是光想着"端着国家的饭碗，吃着国家的饭"，还要彰显着自己的领导身份。但是，为人民服务的意识却非常淡薄，责任担当意识也非常弱。只想拿国家的钱，却不想干实事，这种懒政的思想，必然导致乡镇公共服务能力下降。

三是有些干部能力不够。能力，是决定一个人能否干好一件事的重要衡量标准。试想，如果我们的乡镇干部整体能力都很强，那么他们所创造出来的价值一定非常大。恰恰相反，如果我们的乡镇干部整体能力偏弱，那么处理起问题来不是拖泥带水，就是让对方心里不满意，达不到对方所想要的效果。这样长期以来，必然会导致群众对乡镇公共服务不满。

四是有些干部私心太重。我们的干部，要全心全意为人民服务，要有公正心、同情心，要爱岗敬业，爱国爱民，这样才能真正称得上是一位人民的好公仆，好干部。然而，在现实生活中，并不是每一位干部都具备上述这些素质的。恰恰相反，有些干部不但不为公，而且特别的为私，一心光打着自己的算盘，光想着自己的"小揪揪"。在日常工作中，不是想着这件事怎么处理对国家有利，对群众有利，而是光想着这件事怎么处理他/她有利，光想着他/她自己怎么能捞到好处，能有实惠，无利不起早，对他/她没利的事他/她不干。

2. 公共服务财政投入不足

乡村的有效治理，需要公共服务财政投入做支撑。当前，农村集体产权制度做得好的乡镇，有村办企业的乡镇，财政收入相对稳定，这样的乡镇公共服务财政投入也就相对较高。但是，对于经济基础非常薄弱的乡镇，他们没有稳定的收入来源，资金不能得到很好的保障，那么他们在公共服务财政投入上也就显然能力不足，所以乡镇政府的公共服务能力也就减弱。

3. 供需不均衡

随着社会的快速发展，在这个信息时代，人们的需求也发生了非常大的变化。人们不仅仅满足于对物质上的追求，而是对精神上也有了更高的追求。如，对农村文化建设的需求，对农民看病报销的问题，农民养老问题，子女教育问题，农村婚俗问题等都有了更高的期望。然而，当前我们的乡镇公共服务能力还不能很好地满足人们的这些更高标准的需求。

五、解决问题的必要性和紧迫性分析

上述这些问题，如果不能有效和及时的解决，会使我们的乡村治理现代化建设受阻，最终导致乡村振兴和城乡协调发展受阻。因此，我们必须提出切实可行的、具有针对性的解决方案，将上述存在的问题和不足逐一消灭掉，以期实现乡村政治、自治、法治、德治、智治的治理模式，助推我省乡村振兴。

第二节 实施"五治"结合乡村治理模式

一、转变观念提高认识

乡村要想有效的治理，领导层要转变观念，统一思想，提高认识。首先，要召开会议，从省到村，每一级都要强调到位，强调该项工作的紧迫性和重要性，让所有负责农业农村口的领导干部都要重视起这项工作来。其次，要加强顶层设计，对于目前乡村治理体系是否完善，是否需要修改和完善展开再次的讨论，并将意见汇总整理，将更加翔实的乡村治理体系方案整理出来。再次，从省到村，每级都要设专人负责，要切实将责任落实到人。不能只有口号，而无实际行动。不能开会时人多热闹，散会后却只听了一头热，具体落实工作时却无人负责。最后，要制定切实可行的考核方案，要有板子有屁股，板子要真打，不能光叫得响，雷声大、雨点小。让参会的人听时激动，回去就是不动，这样开多少次会都没有用，要真抓实干，要切实拿成果来说话，拿数字来回答，拿业绩来汇报，要有具体责任人来交差。对于工作落实的好的，要敢奖，还要真奖；对于工作没有落实的和落实的较差的，要敢罚和真罚。要做到干与不干一个样，干好干坏一个样。

二、建立"一核多元"的治理格局

（一）发挥基层党组织的引领作用

贯彻落实党中央决策部署的关键在于党的基层组织，所以必须坚持党建引领，强基固本。在村社治理工作推进中，要把党的领导作为抓好工作的根本遵循，始终以人民需求为出发点，充分发挥党委总揽全局，协调各方，强化改革的能力。坚持"书记抓，抓书记"，落实乡镇党委主体责任，充分发挥基层党组织的领导核心作用，提高基层党组织组织力。

首先，要坚持高标准、选能人、用强人的原则，严把村干部入口关，优化班子成员，从而提高工作效率。其次，加强班子成员政治理论学习，用习近平新时代中国特色社会主义思想武装头脑，切实提高班子成员为人民服务的素质和能力。再次，要全心全意为村民服务，要切实把村民装进心里，惦记他们的疾苦，看到他们还存在的困难，帮助他们想办法，找出路，能急村民之所急，能痛村民之所痛，能兴村民之所兴。最后，要团结群众，抓建设、优环境、上产业、谋发展，切实发挥基层党组织的引领作用。

（二）支持多方主体参与乡村治理

1. 充分发挥妇联、团支部、残协等作用

一是充分发挥妇联的作用。妇女在家庭中扮演着重要的角色，他们在教育子女、赡养老人方面发挥着积极的作用。他们在照顾家庭的同时，大多农村妇女选择就近务工，像一些民宿、旅游、蔬菜、果园的种植和日常养护，产品的分拣和包装，服装类产品的生产等，她们都担起重任。农村妇女一方面要承担繁重的家务，另一方面要兼顾家庭收入，作为农村常住人口之大群体，她们在乡村治理中的作用不可忽视。因此，要充分发挥妇联的作用，高度关注农村妇女这个群体，对她们进行针对性的培训和提升。让农村妇女不仅在家庭和产业振兴中的作用发挥得更加充分，还要大胆提拔和任用女干部，发挥她们联系群众、组织群众、号召群众的能力。

二是充分发挥团支部的作用。现在农村婚俗婚风非常需要重视和关注，高彩礼，大操大办，高离婚率，给一个家庭带来非常大的负担。更严重的是，现在在农村男方要想娶亲，不仅需要彩礼，而且必须在县城有房，还要有车。一个婚礼，会致使一个家庭致贫或者返贫。一次离异，会导致孩子关爱的缺失和心灵上的重大打击。对此，团支部要担负起宣传的重任来，要对广大人民进行宣传教育，要树立正确的婚恋网、人生观和价值观，不要把一次结婚变成负担，要让农村结婚中存在的歪风邪气逐步扭转。

三是充分发挥残联的作用。切实关注残疾人这一特殊群体，关注他们的生活环境如何，收入状况怎样，生活质量知否有基本保障，他们是否通过婚姻组建家庭，未组建家庭者有多少，组建家庭者中他们的子女受教育情况如何等等。通过残联出台一系列的帮扶政策，帮助残疾人能有基本生活来源的基础上，家庭状况再做进一步的提升。一方面，残联可以组织一些公益活动，让社会爱心人士关注并帮助残疾人。另一方面，残联要对那些身残志坚的具有典型代表的残疾人，进行宣传和报道，鼓励人们学习他/她的精神和斗志。再一方面，残联要组织一些适合残疾人学习和就业的项目，鼓励并给他们提供学习和就业机会，帮助他们提升家庭收入。

2. 积极发挥服务性、公益性、互助性社区社会组织作用

在乡村治理过程中，要重视服务性、公益性、互助性社区社会组织。他们在工作的开展中，能够给好多村民提供法律方面的援助，政策解答，就业信息咨询，有针对性的培训，就业指导等。

三、完善体制机制

（一）完善村乡村治理的体制机制

一是加强乡村治理体系和治理能力现代化的标准体系建设，研究建立乡村治理体系和治理能力现代化建设的统计评价体系。二是建立乡村治理体系和治理能力现代化建设的专家决策咨询制度。三是将全省推进乡村治理体系和治理能力现代化建设的重点任务分解到市县，选择典型市、县进行乡村治理体系和治理能力现代化重大问题改革创新、先行先试，总结经验，师范引领其他地区不断推进。

（二）建立协同推进机制

必须实现上下联动，同频共振。乡村治理工作是一项系统工程，不是单靠哪个部门或单位就能实现的。要牢牢树立"一盘棋"思想，要充分发挥区(县)、乡、村三级联动作用，加强各职能部门协调配合能力，采用"自下而上，自上而下"的联动方式。

为使我省乡村治理体系和治理能力现代化建设更好地推进，要建立实施乡村治理体系和治理能力现代化战略领导责任制，实行省负总责，市县抓落实，乡村组织实施的工作机制。完善全省乡村治理体系和治理能力现代化规划体系，尽快研究出台乡村治理的政治、自治、法制、德治、智治等专项工作方案，制订各部门的具体工作计划。进一步明确全省乡村治理体系和治理能力现代化的年度目标，推进思路，重点任务和政策措施。各部门要协同推进。

（三）完善监督保障机制

乡村治理体系和治理能力现代化建设推进情况，要作为省委、省政府备案的重点督导内容事项之一。市县两级也要组织开展经常性调研指导，及时发现并解决工作中存在的问题和不足，确保各项要求部署落到实处。要建立完善综合评价指标体系，建立定期通报、年中集中督查、年底综合评价制度。对工作推动不力、进展不快、大局不稳的县（市、区)，督促限期整改，问题严重的进行约谈。各地还要严格落实属地管理责任制，切实将矛盾纠纷解决在基层，化解在萌芽状态，确保不出现进京访、不出现集体访、不出现极端事件、不出现影响稳定的问题，保持全省农村社会和谐稳定。

（四）规范村级组织工作事务

根据《中国共产党农村基层组织工作条例》《中华人民共和国村民委员会组织法》规范村级组织工作事务。行政村设立党组织、村民委员会、村务监督委员会、团组织、妇代会等组织。有条件的村可根据产业发展情况依法登记成立专业合作经济组织。

（五）健全村级议事协商制度

将《村规民约》《民主"一事一议"》《六议两公开》《村管会制度》《村民自治章程》《村民小组长和村民代表管理办法》《村民小组长和村民代表主要职责及权利和义务》《村民小组长和村民代表违反〈村规民约〉的处罚办法》等村级议事协商制度健全。同时，建立有效的农村利益协调机制、农村矛盾调处机制和农村管理机制，使农民群众更加规范有序地参与村级事务的决策、管理和监督，以理性合法的形式表达自己的利益要求，解决由于决策不民主、运行不透明、制度不完善引发的矛盾。有规矩，有章程，才能确保村级议事协商有章可循。

（六）健全乡村矛盾纠纷调处化解机制

乡村矛盾错综复杂，类型多样，有家庭矛盾纠纷，邻里纠纷，村干部与村民之间的纠纷等。尤其是受新冠疫情的影响，停业、停产引发劳动纠纷、欠薪纠纷、租金纠纷。为了抗击新冠肺炎疫情，闭环管理，交通管制，使村民容易更加敏感。矛盾必须及时处理和化解，如果不及时化解，容易造成新老矛盾交织叠加，聚集发酵，容易将矛盾演变的更加严重。

为化解矛盾纠纷，可采用以下几种策略：

一是建队伍。每个乡镇配备2名以上专职调解员，每个村配备2名专职调解员。一旦有矛盾出现，调解员给予及时调解，确保"大事化小""小事化了"。能在村里解决的矛盾不去乡里，能在乡里解决的矛盾不去县里，尽量做到"矛盾不出村"，做到村民与村民之间，村民与干部之间没有"隔夜仇"。

二是常态排查。乡镇、村都要安排专人负责，定期进行常态化排查，排查矛盾隐患，发现问题及时处理，做到"早排查、早预防、早发现、早解决"。

三是重点关注。在常态排查过程中，要重点关注对组织、煽动、串联聚集上访的人员；关注有犯罪前科的人员；关注参与非法组织的人员；关注对套路贷套住的人员；关注对社会不满的人员；关注"村霸""恶霸"。

四是建立协调联动机制。建议在每个乡设立"矛盾纠纷化解工作处"，工作处的工作人员由"专职调解员2名"+"律师1名"+"心理咨询师1名"组成，既有懂法律的律师，又有懂心理学的心理咨询师，还有专业调解人员，使矛盾纠纷多元化解途径畅通，让群众有怨言尽量倾诉，群众有困难尽量给解决。

（七）提升乡镇和村为农服务能力

一是配强乡镇和村领导干部，只有班子成员强了，他们为农服务的能力才能增强。二是通过党建引领，使乡镇和村干部为民服务的意识再提高。三是强化对乡镇和村干部队伍的培训，使他们能及时地接受新知识、新事物、新技术，并能将之转化使用。四是采用激励性的考核和奖励机制，激发他们工作的积极性。

四、加强人才队伍建设

（一）对基层干部的选拔考核及激励机制

1. 选拔

（1）选拔要求

①学历要求。

参与农村基层党组织干部竞选的人，应具有高中及以上学历，更高学历者优先，对竞选者按学历的高低给予打分，比如：研究生学历8分，本科学历5分，专科学历3分，高中学历2分。农村基层党组织干部没有一定的知识储备是不行的，没学历、没文化，将来他们在工作开展中会受限。所以，应要求参与农村基层党组织干部的竞选人员，具备高中及以上学历。

②对新生事物接受能力的要求。

信息时代，让我们的交流和沟通更加便捷，让我们也有了更多获取信息的渠道。随着社会经济的快速发展，我们的农村基层党组织干部要对新生事物有一定的接受能力，要在思想上跟得上时代的潮流，知识上跟得上社会的发展，眼光不仅要看到本村，还要看得到外面的世界，要会利用微信、QQ等交流方式，要能及时获取外部信息，能熟练利用互联网技术，能搭建互联互通互融的桥梁，如有必要能将村里的产业状况通过网络等形式向外界展示，能助推乡村产业振兴。

（2）选拔方式

农村基层党组织干部的选拔建议采用：最终结果由"学历+选票+专家团队打分"三部分组成，选票和专家团队打分共占100分，其中选票占40%，专家团队打分占60%，再加上学历所得的分数，最后三项相加所得的总分从高往低排名。需要说明的是，专家团队要由省、市、县三个层级专家组成，省、市各派专家1名，县里专家3名，县里的专家要包括本县的，还要包括一名外县人员，再加一名乡里的干部，这样5人组成的打分团队，总分采用去掉最高分的记分方式。打分之前，要有竞选人述职环节，参与农村基层党组织干部竞选的人员，要向专家团队讲述他的工作经历，计划担任基层党组织干部的工作思路，以及五年内的可行性计划，在任职期间要达到的效果，专家团队根据他的述职情况综合衡量进行打分。

2. 考核

对农村基层党组织干部的考核非常关键，这将关系到对他们今后工作积极性的调动，所以要制定详细的、切实可行的考核方案，具体可采用以下两种考核方案。

一是对竞选成功的基层党组织干部，要施行半年一考核。农村基层党组织干部上任后，第一年内经过两次考核，如果村里没有任何变化和起色，那就要对该干部进行谈话。了解该干部在任职期间的情况，上任后做了哪些工作，存在什么困难，为什么任职一年村里没有好转，是否在任职期间认真履行了职责，下一步打算怎么办，要对其提要求、定目标。如果农村基层党组织干部两年内经过四次考核，村里仍然没有变化和起色的，就必须换掉重新选拔。必须坚持"能者上、庸者下"的原则，绝不允许个别干部抱着得过且过的思想，更不能纵容他们只想得到基层组织干部这个身份，享受基层组织干部的权利和待遇，但却不想付出辛苦，不想履行职责这种行为。

二是农村基层党组织干部任职期间实施绩效工资待遇，要体现出干与不干不一样，干好干坏不一样。具体：农村基层党组织干部任职后的第一个半年，都是按当地政府规定的基层党组织干部工资发放标准发放。县里实施对其半年一考核的考核方案，考核分优秀、良好、合格、不合格四个等级，优秀和良好补发上半年的绩效，等级不同，补发的绩效金额不同；合格的拿原工资，不再补发绩效；不合格的给予谈话。每半年一考核的考核方案以此类推。

3. 激励

对基层党组织干部的激励，主要有以下几个方面。

一是实施经济奖励制激励方案。对于农村基层党组织干部实施一年一评比优秀，优秀分省级优秀、市级优秀和县级优秀，三者不可兼得。评比后，政府给拨款，专款专用，专门用于奖励考核优秀的基层党组织干部。优秀获得者根据所获优秀的级别不同，享受到的奖励金额不同。奖励额度要大，要切实起到奖励的效果。不光给他们发奖金，还要颁发优秀荣誉证书，在给予物质奖励的同时，也给予精神上鼓励。让农村基层党组织干部看到付出确实有收获，切实把农村基层党组织干部的积极性调动起来。

二是提高连任农村基层党组织干部的生活补贴，连任任期越长，补贴越多。对于能够连任两任、三任，甚至四任的基层党组织干部，这些人员离任村干部职务后，按照连任的任期不同，每月给予的生活补贴要不同，连任的任期越长，所拿到的生活补贴就越高。

三是提高农村基层党组织干部的福利。对于能够连任三任以上的农村基层党组织干部，并在任职期间考核达到优秀三次以上的，应该享受五险一金待遇，每年并可免费体检一次。

四是对上任的基层党组织干部进行培训和培养，给予他们学习的机会，包括思想政治、业务能力等方面的培训。但是，需要指出的是，培训一定不要流于形式，要接地气。培训的师资可以有专家、教授，但大多数师资应该是来自村组织做得好的书记、创业成功的实践家、有适合农村发展需要的专业技术人员等，这些人员可以来自本省，也可来自外省。培训形式可以灵活多样，不仅局限于室内讲解，要将课堂延伸至实践成果一线，就地讲解和指导，效果会更好。

（二）对人才的引进及留住机制

1. 出台高层次人才引进计划

建议政府出台《高层次人才引进计划》，计划中包括对本地高层次人才吸纳回乡所享受的政策，也包括对引进外地高层次人才的实施方案。根据计划引进人才地所需人才的需要，先制定引进人才的类型。一是实施"归雁计划"，大力吸纳本地人才返乡。建议对达到政府《高层次人才引进计划》中本地人才标准的，且愿意返乡的人才，除享受所就业单位给提供的待遇外。还应享受当地政府给予的人才补贴，人才补贴根据学历不同，补贴不同，最低每月3000元，最少补贴5年。除人才补贴外，所引进的人才，如在当地两年内购买住房，最低标准的一次性享受购房补贴15万元，此项补贴也是根据学历不同，补贴不同。二是通过人才政策，引进外地人才。补贴待遇同当地人才引进待遇。对于引进的人才，签订服务年限合同，服务满多少年后，才可以调动。

2. 制定详细的待遇政策

为了吸引人才，待遇要落实到位，要有详细的标准。一是按学历标准划分。按照博士、研究生、本科学历分别制定不同的待遇标准。二是按照职称标准划分。按照副高级职称，正高级职称两个标准来划分，不同的职称，待遇标准不同。三是按照技术标准划分，按照省级技术专业能手，市级技术专业能手分别制定不同的待遇标准。所引进人才，如果以上三个标准都符合，不累加享受待遇，而是享受其所符合的最高标准。

要想挖掘优秀的人才，要下大力度。首先，博士要有安家费，根据博士毕业学校的不同，所学专业是不是目前人才引进所在地的急需专业，安家费的标准不同。其次，如果博士的配偶没有工作，根据配偶学历的不同给安排相应的工作，建议博士配偶本科以上学历的即可给解决编制。如果配偶有工作，为了使引进的博士能够安心和安家，更长久的留住这个人才，如果博士的配偶同意将工作调入当地，人才引进单位要给予协调。再次，对于引进的博士，解决其子女上学问题，帮助并协调其子女入学。最后，根据引进人才及当地产业发展的需要，为引进的人才建立实验室，并给予研究经费。

3. 建立人才留住机制

我们不光是要把人才引进来，还要想办法把人才留住。要做到待遇留人，事业留人，发展留人，感情留人。一是制定详细的人才晋升标准，对于干部提升上，学历作为必需的考核项，在同等条件下，要优先考虑引进的人才。要让引进的人才看到，留在这里工作是有发展前途的。二是建立合理的考核标准，对于引进的人才，待遇落实后，也要对其进行考核，考核标准要合理，要能起到激励和督促作用，不能让被考核人看到干好干坏一个样，干与不干一个样，要能激发起他们的积极性。

（三）加大对人才返乡创业支持

成立乡镇青年创新创业服务中心以吸引人才返乡。推行石家庄市灵寿县的经验，成立乡镇青年创新创业服务中心。对此，政府应出台相应的政策，给人给编给经费，将各村在外打工创业的青年人才聚集到乡镇，进行培育指导成长。通过这种形式，一是给创新创业人员提供信息、政策支持、服务帮助。二是吸引有志之士、愿意到农村发展的人结合当地现状进行创新创业，以此解决更多农村人就业问题，同时助推地方经济发展。三是可以从乡镇青年创新创业服务中心、创业成功人士中择优入党，并经法定程序适时派回村任两委班子成员，以解决农村干部老化、新党员缺乏两个老大难问题。

（四）加强新型职业农民培育

乡村要想更好地治理和振兴，必然要走农业农村现代化建设的道理，而农业农村现代化，需要新型职业农民的支撑。新型职业农民，指的是能够掌握和使用现代技术和信息化手段，愿意从事农业劳动，并将此作为一种职业的农民。

对新型职业农民的培育，可采用以下方式。

1. 职院技校对新型职业农民进行技能培训

首先，政府出台相应的政策，凡是给予新型职业农民培训的职院技校，每培训一个学员并使其达到专业技能的要求，新型职业农民培训期间的费用由政府来承担，并根据专业的不同政府给予职院技校不同的补贴。通过这样的方式，一方面鼓励新型职业农民接受培训，掌握专业技能；另一方面调动起职院技校承担培训任务的积极性。

其次，对接受培训任务职院技校的选择上，政府要先下发通知，愿意承担培训任务的职院技校报名。省、市、县各设专门负责人员，根据报名职院技校的师资、硬件、专业、可容纳培训人数，综合因素考虑后进行筛选，挑选出符合条件的职院技校承担培训任务。

最后，对新型职业农民进行培训的专业，要选有利于新型职业农民可以掌握的专业技能，培训可分为短期、中期和长期。

2. 每个乡镇成立乡村成人教育学校，实施"送教下乡"活动

首先，要有专人谋划、并有专人对接。乡村成人教育学校由县农业农村局办公室设专人负责谋划。同时，各个乡镇都设专人负责，专门对接县农业农村局办公室该项工作。

其次，根据本乡镇地理位置、土壤特点、适宜种植的农作物、交通便利程度、农民整体文化素质、外出务工人数及人群特征、所在乡镇的工农业状况等，挖掘该乡镇特色优势，并分析自身所存在的劣势。根据这些特征分析并制定出适合该乡镇新型职业农民学习的专业人才培养方案。

再次，各乡镇负责将本乡镇的农民工，参考年龄、文化程度、农民工之前所从事的行业、现在的学习意愿、计划所学专业进行分类、组班，这样使教学更具有针对性。

最后，县农业农村局办公室根据各个乡镇上报的人才培养方案进行整合、调整，根据定稿后的人才培养方案进行课程、教师的安排。由乡镇根据新型职业农民情况编排的班级，安排好授课时间和地点。为减少新型职业农民外出求学的不便，县农业农村局办公室安排教师"送教下乡"，教师到授课点为新型职业农民现场授课。授课地点可以根据课程的性质灵活安排，对于可室内讲授和演示的课程，可安排在室内上。如果有些课程比如果树的嫁接、茶叶的采摘、幼苗的培育、动物的养殖等课程，需要到现场进行边讲解边演示的，就将课堂移到一线现场,这样既有利于教师的讲授,又有利于新型职业农民对知识和技能的掌握。

(五)实施订单培养培育本土人才

1. 预留定向招生指标

县农业农村局和教育局共同确定出本县需要定向培养的人数,人数确定后,各个县教育局统一报到市里,再由市里汇总后统一报给省里。通过省教育厅协调职业院校,对有利于农业农村发展的专业给予定向招生指标。职业院校在报批次年招生计划时,根据自身院校的专业特点,结合省内区域经济发展状况、当地的就业渠道、适合当地的创业项目、定向培养的人才学成后能对家乡的贡献、是不是当地新农村建设急需的人才等综合因素,制订出具体的、适合某个县的招生计划。

2. 笔试加面试的录取方式

打算报考定向委培计划的考生,如果是高中在读生,可以在校参加报名考试;如果是非高中在读生,可以以社会考生名义在当地教育部门报考。职业院校在招生定向委培生时,除看其笔试成绩外,一定要对其综合素质进行考核。所以,职业院校在招生录取时,要笔试加面试成绩,择优录取。面试时的评委由职业院校和定向委培生所在的县教育局共同组成,以确保所招生源具备学好该专业的综合素质和能力,以便将来能够学有所成,回到生源所在地为新农村建设、为家乡致富做出贡献。

3. 回生源所在地就业

定向委培生毕业后需到生源所在地进行就业,县里保证这些考生毕业后工作的安排,确保其待遇落实到位。

4. 政府承担学费

定向委培生其上学期间的学费由政府来承担,定向委培生在校就读期间只需缴纳住宿费和承担饭费即可。

定向委培生入学前需跟县里签订定向就业协议,以约束定向委培生毕业后回到生源所在地。如果定向委培生毕业后违约不回生源所在地就业,需将其在校期间政府出的学费交还给政府，学费不交还者，则纳入失信黑名单。

（六）成立"引智堂"

可参考推行山西省阳泉市郊区汉和沟村的模式，成立"引智堂"。"引智堂"成员有：一是在本村居住的老党员、老干部、老教师、老模范；二是祖籍在本村，现在在外工作、居住的名人名士；三是本村在外学习的高校学生，要求大专以上；四是与本村有联系的各大高校、知名团队；五是其他专业领域人员。

"引智堂"工作内容：收集有利于乡村振兴、有助于本村发展的各类信息，建立信息资源库；引荐在本村经济和社会发展中能发挥积极作用的各类人才和项目；借鉴各类先进经验，提出合理化建议；参与村内传统文化、历史沿革等文献资料的编纂；参与村内重大事项研讨、商议，对事项全面性、可行性、科学性提出意见建议；参与制定村民自治章程、村规民约、村民条约。

（七）成立乡村振兴志愿队

以县委组织部（老干部局）为依托，成立县退休干部乡村志愿工作办公室，选择已退居二线或刚退休不久、身体健康、积极进取、组织协调能力强、事业心、责任心较强的县直机关干部。包括教师、医务工作者、国企员工、享受国家退休待遇的公职人员，以村为单位组成乡村振兴工作组，常年开展本村帮扶工作。打造一支熟悉农村（本村人）的志愿工作队，以取代从中央、省、市、县党政机关和国有企事业单位抽调人员下乡。这群志愿者对农村当地的状况更加熟悉，加之经过多年的工作经验和人脉资源，与普通农民相比，有更加长远的规划和熟知相关政策，可给当地农村提供更好的帮助和服务。

（八）推进党建引领乡贤队伍建设

"乡贤"是在农村中有威望、有能力，被众人推崇和敬重的长者、贤人。在乡村治理过程中，乡贤发挥着非常重要的作用。

坚持党的领导，推进党建引领乡贤队伍建设，在乡村治理过程中，实施"乡贤+"策略，大力弘扬乡贤精神，丰富"乡贤+"形式。如"乡贤+致富带头人""乡贤+公益者""乡贤+最美爱心使者""乡贤+孝贤""乡贤+移风易俗"等。

五、提高乡村治理的经济基础

（一）做好资金保障

省、市、县三级政府都要设立乡村振兴基金，要有最低额度和财政支出最低比例要求，且逐年增长。省市两级基金投放使用要通过县级基金（管理公司）形成整体合力，在资金上做好保障。

（二）盘活农村资源资产资金

建议参考推广内蒙古自治区达拉特旗树林召镇林原村乡村治理成功经验，成立三个合作社，实施"一个体系、两个平台、四个升级"乡村治理新模式，将农村资源资产资金盘活。

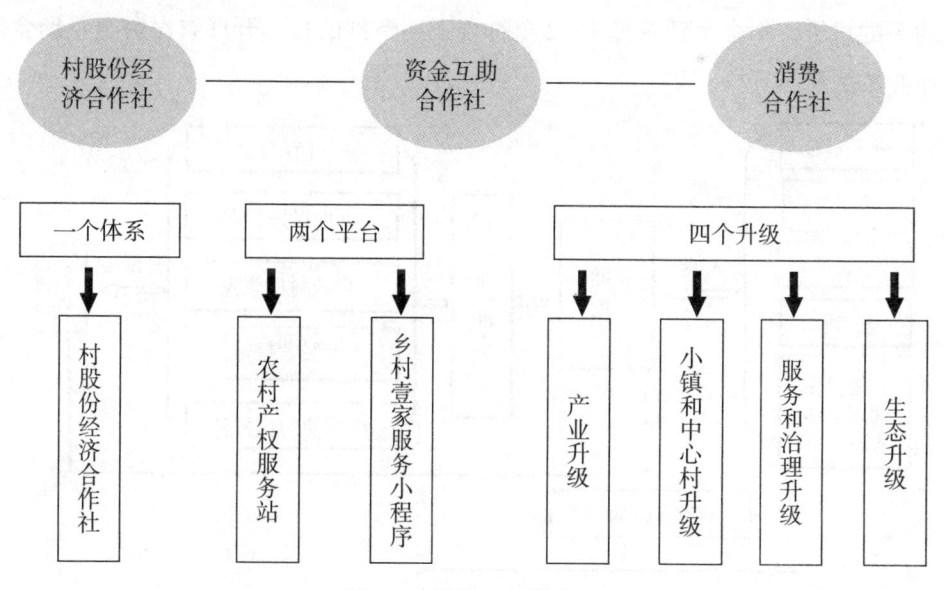

图6 乡村治理新模式图

1. 股份经济合作社

结合各村"三资"现状，通过以资产、资源、资金或混合方式进行折股量化，组建不同类型的股份经济合作社。对于集体经济相对匮乏，无资金积累和收入来源的村，充分利用土地等资源，以农村土地承包经营权入股，按照土地等级进行折股量化，成立农村土地股份合作社。对于集体资金充足的城中村、城郊村，通过财富积累、村民自筹等方式，对资金进行折股量化，组建股份经济合作社，并成立实体公司，以公司盈利分红、劳务输出，带动农民致富增收。对于集体资金、资产和资源充足、相对富裕的村，进行整村推进，全面盘活，将村集体"三资"进行折股量化，组建股份经济合作社，增加村集体和农民财产性收入。

2. 资金互助合作社

资金互助模式上，可以启用中国乡建院创始人李昌平"村社内置金融"模式，河南省信阳市平桥区郝堂村、内蒙古自治区达拉特旗树林召镇林原村，这两个村子都是典型成功点。选择有一个好的带头人、好班子，有好的群众基础，村民多一些（人口在2000人以上的）的村子，每个乡镇选择1—2个符合上述条件的村，开展农民资金互助合作改革试点。

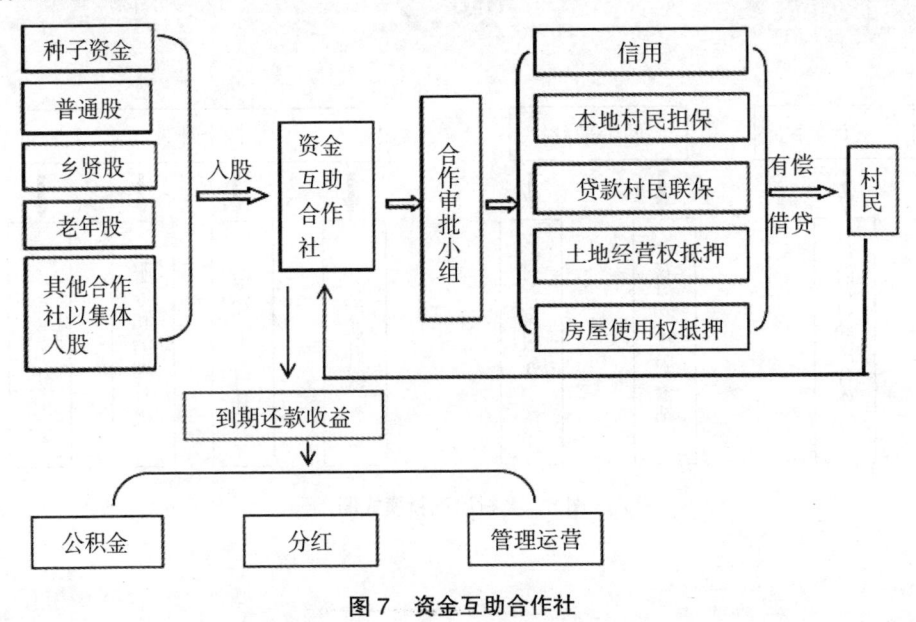

图7 资金互助合作社

资金来源：政府种子资金（20万以上）+60岁以上老人入社资金（每人2000元）+村两委班子成员带头资金（每人2万元）+党员及乡贤入社资金（不限制额度）+普通股。

资金用途：让农村农民的资金实现互助合作，解决农村农民生产经营资金需求。村民贷款时，要求有5位德高望重的人给予担保，发挥"熟人效应"。如果贷款者不还款，在村子里会受到非常大的影响。

使用管理：资金只在农村内部闭环运行，只允许向加入资金互助合作社的本村村民提供资金，严禁向村外人员和组织提供资金，不允许投向村基础设施建设。农村互助合作组织支付给资金提供者的使用费用，要稍高于一年期银行理财收益水平。

收益分配：成立资金互助合作社的根本目的是向本村农民发展生产提供支持服务，而不是以合作社本身盈利为目的。扣除成本费用后实现盈余，用于公积金、分红和管理运营。收益分配比例根据发展需要和可能实行动态调整。

风险保障：成立由德高望重的老年人（一般为3—5人）组成资金发放审核小组，无论数额大小，每笔资金的发放都要经小组审核通过，合作社理事长签批；第一看人，第二看事；原则上每笔贷款一般不超过5万元，使用期限一般为6—9个月，最长不超过一年；申请人要用自家的宅基地、承包地作抵押，或由等额的入社乡贤担保。

（3）消费合作社

村民、种养大户、家庭农场、合作社、驻地企业、商业机构等可以加入消费合作社。消费合作社设专门的负责人，以团购的形式，给需要团购的人生产和生活方面的采购。因为批量采购，价钱一定会比消费者自己单独购买要便宜得多。消费合作社在选择商品时，要确保商品的质量，建立相应的采购群，提前在群里将价钱和物品给予公布，确定购买的消费者在群里填报信息，以便消费合作社准确购买。

消费合作社的成立，给消费者提供了购物的便利，更重要的是搭建了很好的信息流动平台，使资源能够共享。消费合作社进行商品采购时，在保质保量的情况下，优先考虑咱们入社人员所提供的商品。当前农村种植果园、蔬菜的较多，开养殖场的也不少。种植户和养殖户会常常为销路发愁，尤其是水果、蔬菜，卖不出去，就会烂掉，给种植户造成重大损失。对于养殖户来说，由于市场上可供选择的同类物品较多，所以他们同样面临着较大的销售压力。消费合作社的成立，在一定程度上给他们提供了销路，给他们和消费者之间搭建了一个很好的桥梁。

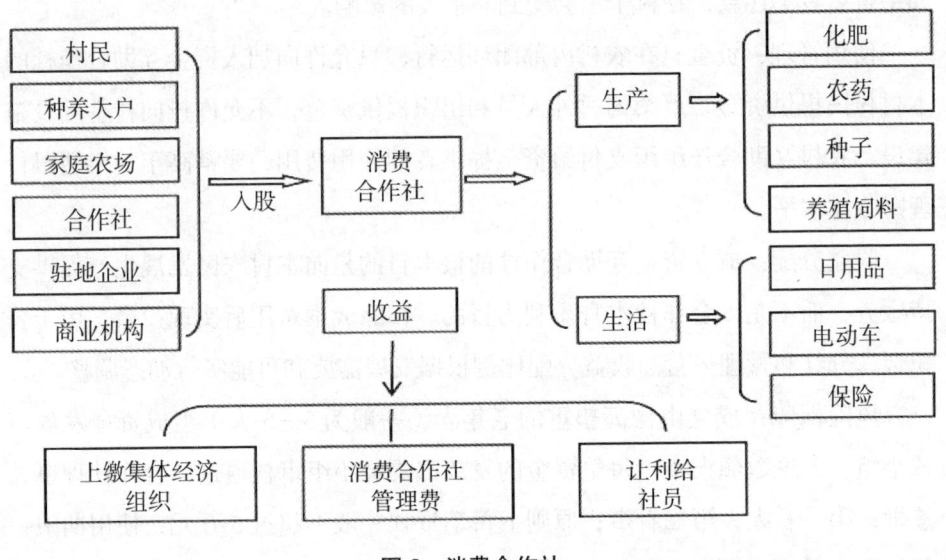

图 8　消费合作社

消费合作社，实质上是在组织农民合作，形成新的增收空间，是一个多方受益的事情。

（三）大力发展农村集体经济

一是全面建立健全农村集体经济组织，允许农民将土地流转给本村或非本村农民经营的外来企业，由企业搞规模经营。农民可得"两金"：土地流转得租金、到流转企业打工或外出打工挣薪金。二是适应当前农业和农村经济发展需要，采取"内培外引、内外联动"方式，培育发展农业龙头企业，加快农业经济结构调整步伐，分类指导，实施龙头带动战略，强化产前、产中、产后服务，推行标准化生产，大力推进农业产业化进程，使县域经济基础得到进一步夯实。三是按照农业产业化经营的要求，引导龙头企业与生产基地、农村经济合作组织以及农户建立"公司＋基地＋农户"的发展模式，构建起广覆盖、梯队形的农业生产经营主体队伍。

（四）巩固脱贫攻坚成果

脱贫，还要防止返贫。要从以下几点做起：

1. 强化学习

继续学习，不能因为已经脱贫就松懈，学习永远在路上。一是党员干部继续加强政治理论学习。二是建议组织村班子成员、老党员和致富带头人分赴省外改革成功的地区实地观摩，让群众开阔眼界、解放思想、感受益处。

2. 改变"陋习"

作为华夏儿女，我们要感谢党和国家对我们的关怀，感谢我们有幸能够生长在中国，我们要为祖国的发展贡献自己的力量。要弘扬正能量，摒弃陋习。然而当前，农村红白事陋习非常严重，一场婚礼，高额的彩礼，加上购买婚房款，办婚礼的花销，等等，足够让一个家庭背上高额的贷款。好多地方白事讲究厚葬，甚至有些地方红事、白事都是大办几天，耗费大量的人力、物力、财力，既劳民又伤财。尤其是作为年轻一代，要有远大的理想和抱负，不能在婚礼上攀比，不能学习不正之风，更不能让陋习成为负担。

针对陋习，适当范围开展专项整治。从各地实践看，以县（市、区）为单位开展专项整治为宜。如果范围太小，则难以形成氛围；如果范围太大，则情况差异太大，政策效应层层减弱。专项整治包括：红白事、乡村治理环境等。建议党委党政府将其作为一个专项整治活动进行谋划和部署，并出台相应的制约措施。

六、推进"五治"协调发展

（一）发挥政治对乡村治理的引领功能

1. 强化农村基层党组织领导核心地位

村委会、村支部关系不顺，权责不清是影响村级政治生态的瓶颈。必须强化农村基层党组织领导核心地位。基层党组织对农村工作实行政治领导，村委会必须在党组织的领导下行使自治权。基层党组织也要提高政治站位，不断强化乡村治理的责任感和使命感。

2. 以政治信仰引领乡村治理现代化

强化基层党员干部要深入学习马克思列宁主义、毛泽东思想、邓小平理论、"三个代表"重要思想、科学发展观，深入学习党的十八大以来党中央治国理政新理念新思想新战略；深入学习习近平新时代中国特色社会主义思想理论；认真学习贯彻习近平总书记在庆祝中国共产党成立100周年大会上的重要讲话精神；认真学习贯彻习近平总书记在河北承德考察时的重要讲话精神；认真学习贯彻中国共产党第十九届中央委员会第六次全体会议精神。让党员干部把学习成果转化为提升党性修养、思想境界、道德水平的精神营养，做到真学真懂真信真用。

让党员干部将政治理论学习知识通过不同的方式传递给广大群众，使全民的整治信仰更加坚定，以引领乡村治理现代化。

3. 树立良好的乡村干群关系

乡村干部与群众的关系，直接关系到乡村治理工作的顺利开展。一是乡村干部的选拔、考核和激励措施要科学、到位，避免拉票贿选、谋求不正当利益等现象出现。二是避免村民与乡村干部对着干现象出现。乡村干部要尽最大努力解决好村民合理范围内的所急、所盼，要让村民看到乡村干部是村民的主心骨，精神上的大支柱。三是乡村干部要能取得村民的信任和支持，乡村干部和村民之间要能树立良好的干群关系。

作为村干部，要想获得村民的信任和支持，村干部自身要以身作则，要能经得起考验，能起到模范带头作用。对此，建议村里制定《××村干部行为规范》《××村干部违反〈村规民约〉的处罚办法》《××村干部接受村民监督的规定》等。

固庄村要求村干部要：迈开腿、动动嘴，常去村民家喝喝水。固庄村两委干部工作之一就是走访群众，在走访群众过程中，虚心听取群众的意见和建议，并及时帮助村民解决生活、工作中的困难和问题。只有多和百姓聊聊天，才能发现问题、预料问题,从而建立制度解决新问题。

4. 设立科学规范的考核评价体系

对于乡村政治生态的打造,要制定详细的、科学规范的考核评价体系。对于乡村政治生态打造不好的地方,要给予惩罚,惩罚要追责到人。好的,要给予表扬,表扬也要具体到人。奖惩的最终目的是起到激励的作用,是为了发挥政治对乡村治理的引领功能。

(二)增强村民自治组织能力

1. 因地制宜建村民自治组织

关于村民自治组织,可参考以下模式。

(1)可参考推行山西省阳泉市郊区固庄村成立"固庄论坛""六议两公开""三监一报制",鼓励村民积极参与乡村治理,这是山西省乡村治理标杆性事件。

具体如图所示:

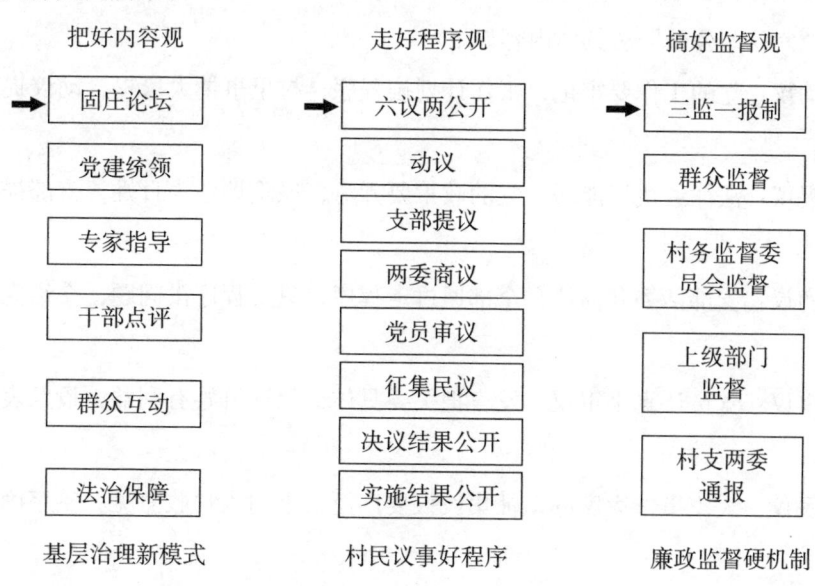

把好内容观	走好程序观	搞好监督观
→ 固庄论坛	→ 六议两公开	→ 三监一报制
党建统领	动议	群众监督
专家指导	支部提议	村务监督委员会监督
干部点评	两委商议	上级部门监督
群众互动	党员审议	
法治保障	征集民议	村支两委通报
	决议结果公开	
	实施结果公开	
基层治理新模式	村民议事好程序	廉政监督硬机制

图9 "固庄论坛""六议两公开""三监一报制"

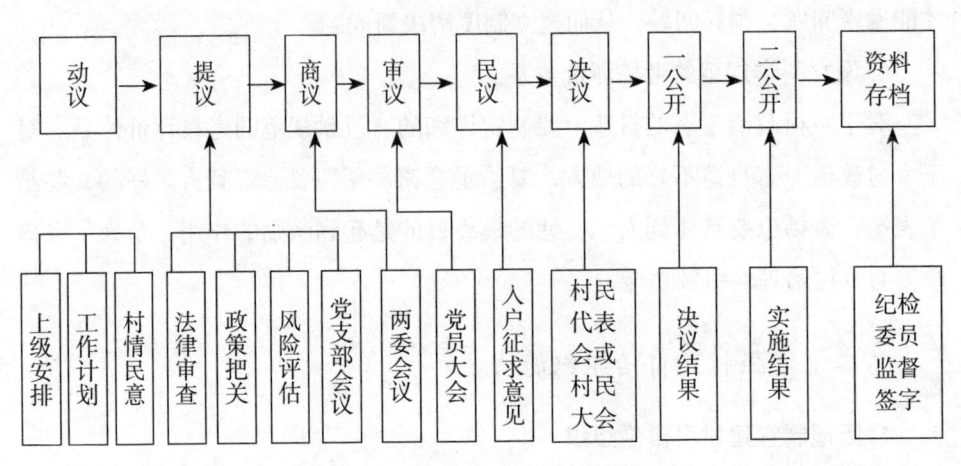

图10 "六议两公开"+全员承诺

从这两个图我们可以看到，固庄村在村民自治方面蹚出了一条新路子。固庄村"听民声顺民心人人操心，村光景民做主事事公开"，成为民政部确定的"社会治理十大创新成果"。其"六议两公开"法，在省民政厅的充分调研下，主要运行程序写入了《山西省实施〈中华人民共和国村民委员会组织法〉办法》中。

"六议两公开"法具体内容如下：

动议：党的工作要牢记，工作计划按程序，村里事情大家提，动议提交支部去。

提议：法律红线不能碰，党的政策要弄清，风险评估为百姓，支部提议才放心。

商议：支部两委共商议，全部通过走程序，只要程序没问题，交给党员去审议。

审议：党员认真来审议，发言把关要具体，保证百姓有利益，投票表决才可以。

民议：大家事情大家办，征集民议要广泛，上门入户收意见，签字确认才完善。

决议：重大事项百姓定，表决通过在执行，打造民主规矩村，六议公开是保证。

两公开：街道设立公开栏，公开内容要全面，决议实施双公开，百姓明白干部安。

一报，指的是《固庄周刊》。

固庄论坛做到了：一是以民意为基础，注重广泛性。把大家各种各样的呼声和建议摆在桌面上，通过论坛平台，集中集体智慧，得出满意答案。二是以问题为导向，注重实效性。打造问题治理的共同体，让大家带着问题来，带上答案走，有效化解和消除各类矛盾和问题。三是以法治为保障，注重合法性。在广大干部和群众当中形成一种"崇尚法律、学习法律、遵守法律、执行法律"的良好风气，根据法律法规，将好事办好，实事办实。固庄村"固庄论坛"的成立，为搭建多方参与乡村治理的共建共享共治平台踩出了一条新路子。

"固庄论坛"的成立就是解决干部、群众对政策不懂的问题，针对相关涉农事项，热点难点，疑难问题，定期邀请社会各方面人士进行实践讨论，现场互动，化疑解难。就是要形成"党建统领、专家指导，干部点评，群众互动，法治保证"的基层治理新模式。

（2）可参考推广浙江省宁波市象山县"村民说事"制度，分为"说、议、办、评"四个环节。

"村民说事"，有事敞开说，干群面对面才能心连心。由镇村干部牵头召开说事会，在会上做到"谁想说都让说""想说什么都能说"。村民全程参与自治才能成真，"说""议""办""评"四个环节并重，"村民说事"成了集民意收集、回应、落实、反馈为一体的乡村治理系统化制度。

村民说事，基础在"说"。说就是聚会拉家常，鼓励村民把"事儿"亮出来，在不违背"八不准说"原则的条件下，让村民把"想说"的"说"出来，只有"说"出来，才能帮助村民解决他们想要解决的问题。

村民说事，核心在"议"。村民把事"说"完后，村民期望的是他们所"说"的事能给予解决，他们是出于对组织的信任才把事"说"出来。所以，在村民"说"完事后，要组织专人"议"事，"议"出解决方案。在"议"的过程中，要切实围绕全心全意为村民服务、让村民满意这一原则，想村民之所想，急村民之所急的为村民解决他们想要解决的问题。

村民说事，关键在"办"。村民既然把事拿到这个平台上去"说"，那就是希望通过这个平台将他们所"说"的事给解决了。在"议"完以后的环节，通过多种渠道，要切实将村民所"说"的事给"办"了。如果村民"说"完以后，这个平台没将他们所"说"的事给"办"了，没有达到他们"说"之前预期的效果。一次这样，两次这样，之后他们就不会再在这个平台上去"说"。所以，村民"说"事，"办"这个环节至关重要，它关系着村民对这个平台的评价以及村民对这个平台的信任程度。

村民说事，保障在"评"。平台要组织说事村民对"说"完事以后所办结果进行测评，满意的整理归档，不满意的再"议"，再商量方案，然后再去"办"，再对此方案进行测评。将测评结果与干部年度考核，年终奖发放相挂钩。年终要总结，要反思，针对村民提出不满意的地方，要及时整改和调整，不能辜负村民的信任和托付。在"办"这一环节上，要充分发挥党员干部，乡贤，对村发展关心支持的在外工作人员的作用和力量，切实为村民真"办"事、"办"实事，让村民不光信任这个平台，还可以将这种"村民说事"的方式推广开来。

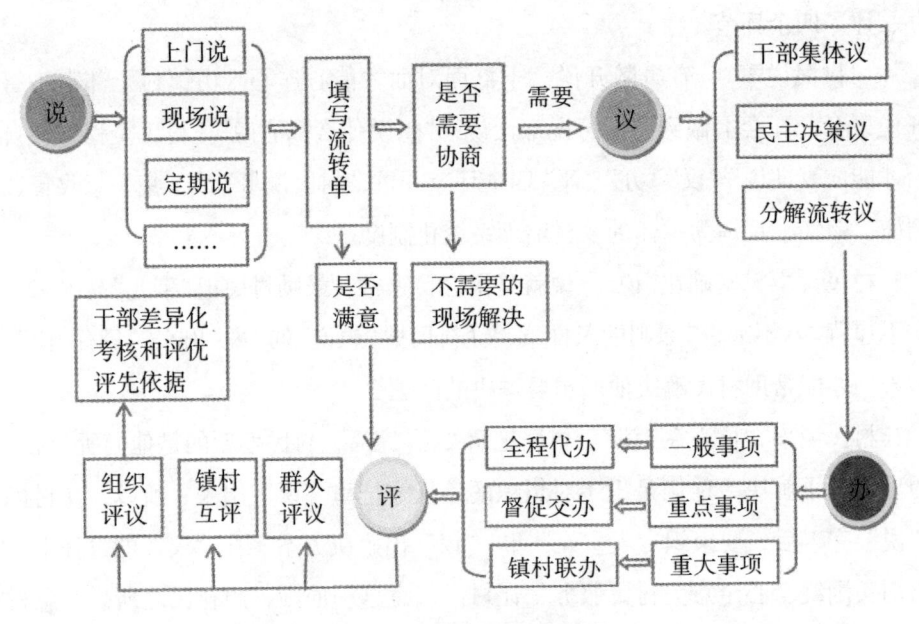

图 11 "村民说事"流程图

"村民说事"，生命力在"效"。"村民说事"要按图来办事，把"道儿"

厘出来。"村民说事"要保有生命力,必须走上制度化、程序化、规范化的轨道,办事有流程图、问效有成绩单,使"说、议、办、评"四个核心环节运行轨迹一目了然,看图做事、照图操作。

"村民说事"要融入法治德治,构建新时代乡村治理体系。

拓展乡村自治创新平台,充分调动村民积极性、主动性、创造性,切合村庄实际,不断创新村民说事的形式,探索出"网格说""线上说"等形式。

拓展乡村自治创新平台,在说事主体上向人大代表、新乡贤、政法干警、部门干部等群体扩大,实施"乡镇人大代表督事"制度。

拓展乡村自治创新平台,注重将农村基层权力规范运行制度纳入村民说事体系。完善"三务公开"模式,在电视公开、网络公开、橱窗公开的基础上将说事会作为重要的公开平台和监督载体,实现从"灌输式"向"互动式"监督转变。结合基层实际,修编农村小微权力清单"21条",进一步厘清权力边界、规范操作流程,让"老百姓明白、村干部清白"。

落实"一村一法律顾问"制度,县委政法委和县司法局分别安排政法干警、法律工作者担任村主任助理或村法律顾问,发放警民联系卡,实现法律顾问全覆盖,积极开展"警民说事""法官说法""检察官说案",探索"合理信访最多跑一次"改革,推动"村民说事"与人民调解互联互动、深度融合。

"村民说事"应把握"八不说"原则:

一是损害党中央权威和党的集中统一领导的不说;

二是丑化党和国家或上级党委、政府形象的不说;

三是违背政策法律、发展规律和客观事实的不说;

四是扰乱公共秩序、逾越公德和道德底线的不说;

五是编造及传播虚假信息及诬陷和侮辱他人的不说;

六是应当依法通过法定途径解决投诉请求的不说;

七是已经答复、受理和正在帮助办理解决的不说;

八是审核认定办结或已复查、复结、终结的不说。

(3)推行"积分制"

建议参考推广浙江省宁波市象山县,山西省阳泉市在乡村治理方面的经验，推行"积分制"。对于村民来说，由原来对其"任务命令"变成现在"激励引导"，让村民由"被动"变为"积极主动"。小积分，解决大问题。

适用范围

主要在村规民约、人居环境整治、文明创建、社会综治等领域运用。

运行流程（以推进村规民约为例）

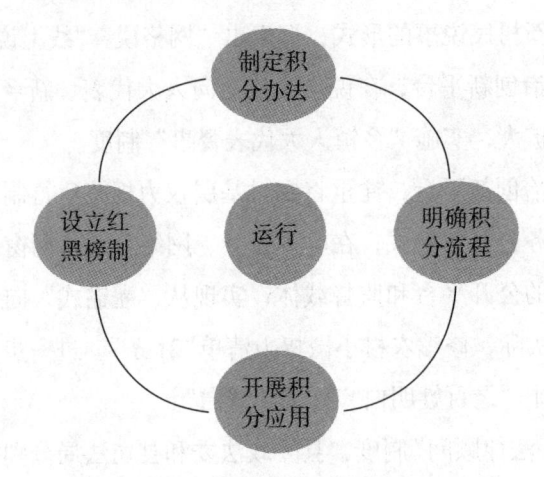

图12 村规民约运行流程图

制定积分办法

将村规民约的各项要求细化为积分事项，鼓励的事项为加分项，禁止的事项为减分项。制定详细的积分评价办法，在广泛争取村民意见后，公开公示，并经村民代表大会审议通过后实施。

明确积分流程

以农户申报和专人采集信息方式，将村民遵守村规民约的情况登记为积分，经过小组评定，公开公示后，形成每户村民台账。

开展积分应用

每季度和年末，通报积分排序。一是村制定详细的积分评价标准，多少分以上为优秀，多少分以上为良好，多少分为合格，多少分为不合格。优秀的给予什么奖励，良好的给予什么奖励，不合格的给予什么惩罚，都得有详细的标准。二是制定积分兑换制度。多少分积分可以兑换什么物品，激发村民获取积分的积极性。

设立红黑榜制

对于获得五好家庭、文明户的家庭可以列入红榜，进行表彰。对于道德失范、乱搭乱建、邻里不睦、打架斗殴、小偷小摸、恶意上访等村户列入黑榜。

通过红黑榜制度，将村规民约中的让村民感觉"被约束性"变成"村民自觉性"。

积分制使用过程中要做到六个把握：

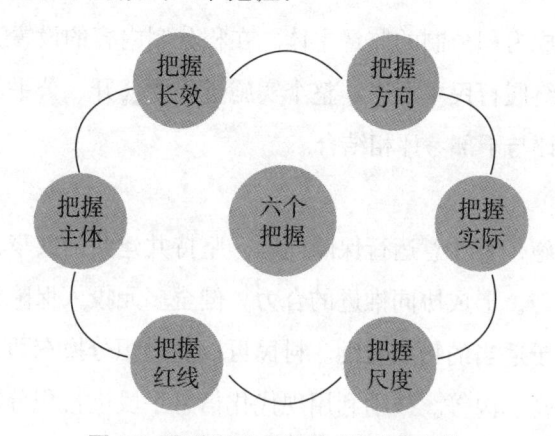

图 13　积分制应做到的"六个把握"

把握方向

要始终坚持党的领导。确保体现党的主张，贯彻党的决定，要规范有序地开展，保障积分制沿着正确的方向开展。

把握实际

在积分制开展过程中，不可"一刀切"，不可一个"模子"模式。要结合当地村里的实际情况，制定适合本村实际的切实可行的积分制实施方案。方案的制定，要从农民最关心、最迫切需要解决的问题入手。要确保方案有实际应用价值，且可考量。

把握尺度

村级组织的领导力量和核心一定是村两委班子，积分制要在坚持这个核心机制不变的前提下实施。围绕乡村治理的重点任务和突出问题，结合实际确定积分内容和对象，采取符合农民意愿和习惯的积分方式，建立动态管理，操作性强的积分体系，确保可量化、可计算，保证公信力。

把握红线

积分制方案的制定和实施,必须符合国家相关的法律法规。积分制的惩罚措施,不得侵犯人权,不得违背民意,不得侵犯农民的合法权益。要防止积分制的做法泛化,慎重研究将公民基本道德等要求纳入到积分制加分范围,避免引发功利化风险。

把握主体

要引导村民成为积分制的监督主体。在积分制内容的设置、修改、申报审核等各环节要始终履行民主程序。整个实施过程要公开、公平、公正,要将农民群众自评、互评与干部考评相结合。

把握长效

积分制的实施,要注意运行保障问题,坚持共建共治共享,凝聚各部门和社会组织力量参与,形成协同推进的合力。健全多元投入保障机制,坚持精神奖励的同时,给予适当的物质奖励。村民可以通过积分换东西,如大米、洗衣液、卫生纸、牙膏、肉等。鼓励利用现代化信息手段进行积分制信息的采集和整理,优化完善日常管理。

将积分制与奖惩相结合。

奖励机制

对年度积分在95分以上的,一是优先推荐评选"文明家庭户""党员示范户""洁美家庭户"等荣誉开展奖励,积分越高享有的权益越多,并提出"最美诚信农民"的评选标准,以年度考评分为依据,结合村四套班子评审意见和考评小组审核意见,对年度考评前5%的村民授予村级"最美诚信农民"荣誉称号,授予荣誉证书;二是调动各类资源,村班子通过镇党委积极与县级部门衔接洽谈,有望对年度考评前5%的村民给予县内旅游景点门票、影院电影票等项目优惠,另外象山县农信联社已承诺对先进的诚信村民给予额度20万元以内的、无担保、无抵押低息贷款,且贷款利率下浮5%—10%,目前已有一户村民成功办理了该类贷款。

惩罚措施

对75分以下65分以上的:一是取消当年农保集体补贴;二是若要信用贷

款盖章的，除房产、承包土地证明等资料予以盖章，其他资料不予盖章。

65分以下的：一是扣除当年股份制经济合作社分红，资金纳入村教育公益基金会；二是取消当年农保集体补贴；三是若要信用贷款盖章的，除房产、承包土地证明等资料予以盖章，其他资料不予盖章；四是取消享受无偿使用村公共资源村民待遇（如村公共停车场、村酒席场地按市场价收费）；五是申请宅基地审批的，暂缓审批；六是取消当年老协会会员申请资格，已是会员的，扣除老协会会员福利，资金纳入教育公益基金会；七是入党、推选村民代表、困难户低保户上报、文明家庭评选等一律取消资格。

（4）可成立"村管会"

村里可选人品好、威望高、能力强，有公益心、有爱心、有责任感，愿意为村民服务的"村管会"委员。建议"村管会"委员由5—8人组成，并从"村管会"委员中选出1人担任"村管会"主任，1人担任"村管会"副主任。"村管会"按照"乡镇党委—村党支部—村管会"模式，接受乡村两级党组织领导，在两级党组织的领导下开展村民自治活动，激发乡村治理的内生动力。

2. 加强基层党组织领导

一是村民自治，必须是在基层党组织的领导下，不能脱离党组织的领导，不能跑偏，不能脱离组织。二是基层党组织要结合当地实际，引导当地村民建立适合当地乡村自治的实施方案。方案一经制定出来，要切实落地，并反复地修改和完善，不能只是"纸上写写、墙上挂挂"，更不能只是为了应付"上面"检查而制定的"空"方案。一切形式主义要不得，一切只讲形式，只为了应付检查，为了上报时"充"材料，而不为村民办实事的干部更要不得。

3. 坚持民主决策

对于涉及村民利益的重大事项，如重大项目工程、集体资产、资源对外承包、承租、大额资金支付、低保、扶贫救助等惠民政策享受对象的评议等事项时，严格落实"六议两公开"，一定要坚持民主决策。

4. 强化监督

成立"村民自治监督小组"，主要监督村里资金、资产、资源的使用情况。

（三）推进法制乡村建设

1. 宣传要到位

坚持把宣传工作放在至关重要的地位来抓，搭建宣传平台，电视台要开办专栏播放宣传片；乡镇村庄要设立公示榜及时张贴相关法律知识；通过微信公众号、微信群等推送相关的法律视频；组织召开村民大会，印制宣传手册等辅导材料，入户发放明白纸，使法治建设精神家喻户晓、人人皆知，营造浓厚的法治氛围。

2. 抓村民教育

要扎扎实实开展法律进乡村宣传教育，加大《村民委员会组织法》《农村土地承包法》《农业法》《土地管理法》等涉农法律法规在广大农村的学习宣传和贯彻执行，让农村农民法治观念入脑入心，提高农民群众学法用法、知法守法、依法办事的法治意识，建设社会主义新农村法治文化，健全农村依法治理体系。

宣传教育可采用以下两种形式：一是邀请法律专家进课堂，可以按年龄、按性别分批次进行法律常识的讲解。讲解要结合真实案例，要有针对性，要更贴近村民的生活，要更引起村民的关心和关注。二是在村里播放法律教育的电影、宣传警示片等。

3. 完善法治乡村建设机制

法治乡村建设，县里要成立法治乡村建设领导小组，并要切实落实"一村设一个法律带头人""一村设一个矛盾调解员"。经过调研发现，现在我省有的村里还没有将这项工作落到实处。

在治理法治化方面，要大力推进"雪亮工程"建设，加大城乡结合部、农村公共区域视频监控建设力度，确保城乡社区、住宅小区在新建改建扩建过程中视频监控建设同步启动，实现城乡进度一体化。完善农村社会治安防控体系，强化预防和化解农村社会矛盾机制建设，把维稳、维权、解困有机结合起来。建立完善村级人民调解委员会，成立农村各类专业性调解组织。开展以"铲乡霸、除村恶"为目标，严厉打击横行乡里、欺压百姓、侵蚀基层政权的农村黑恶势力犯罪。

（四）加强德治在乡村治理中的应用

1. 实施公民道德建设工程

要深入实施公民道德建设工程，推进社会公德、职业道德、家庭美德、个人品德建设。加强农村群众思想道德教育和文明素质培育，激励农民群众向上向善、孝老爱亲，忠于祖国、忠于人民。弘扬科学精神，普及科学知识，传扬时代新风，抵制封建迷信和腐朽落后文化对农村农民的侵蚀。

（1）孝贤文化建设

首先，宣传正能量。在孝贤文化建设上，最主要的是通过榜样的力量来宣传和带动。农村老人的养老是一个非常现实和应该关注的问题。子女孝贤，这是老人的福气。如果子女不孝，老人的晚年非常凄凉。在农村老人失去基本的劳动能力后，基本收入也无法得到保障的前提下，养老是一个迫切需要解决的问题。所以，孝贤文化的宣传非常重要，村里这样的好子女，好儿媳，要大力地宣传，要让他们起到榜样的作用。

其次，建议村村成立孝贤基金。这项基金主要来自捐款和村集体经济收入的部分。在捐款上，村两委干部、党员要带头捐款，同时吸纳村里外出有成就的人，优秀企业家，创业成功者的捐款。这部分钱要专款专用，要设专人负责，只能用于失独老人、孤寡老人以及对孝贤子女的表彰和奖励。表彰要起到模范典型树立的作用，要让更多的人看到孝贤是一种美德，是值得表扬和宣传推广的。

最后，建议村村设孝贤课堂。课堂不仅要真正地进校园，对学生进行教育和宣传，还要将课堂通过微信的形式推送给成年人，对他们进行教育，让孝贤文化代代相传。

（2）推进诚信建设

切实推进诚信建设，强化农村社会诚信意识、责任意识、规则意识。建立健全社区道德评议机制，成立"道德评议会"，将诚信评议纳入道德评议的重点。

（3）提高村民自我约束能力

山西省阳泉市郊区固庄村被评为"全国文明村""山西省卫生示范村"，但是村里却没有一个保洁员，被称为"没有保洁员的卫生村"。过去村里每年花18万元雇22个保洁员，但依然是"垃圾靠风刮，污水靠蒸发，环境脏乱差"。村民议论"保洁员都是村干部亲戚，钱都让他们挣了""垃圾不让随地扔，要保洁员干啥"。村民心理不平衡，故意折腾，卫生成了村干部最头疼的事。

后来，村里制定卫生政策：不再招保洁员，用雇保洁员的钱给大家发了福利。各家划分卫生区，公共区域由村干部带头打扫，大家都是监督员，打扫不干净的群众举报，扣发一个月福利，用扣发的福利雇人打扫。村干部带头执行，打扫不好，双倍处罚，停发两个月福利。就这样，固庄村成为全国唯一一个没有保洁员的卫生村，村民的好习惯也养成了。

2. 实施"三动"联动

首先，制度推动。政府出台《德治文化建设实施细则》，并将这个作为对村里的一项考核。哪个村里在年终考核中，将这项工作经过评比拿到优秀的，就给哪个村里表彰。表彰跟村干部的绩效要挂钩，既要有物质上的奖励，还要有"德治建设先进村""德治建设先进个人"等锦旗。

其次，典型带动。通过典型"好婆婆""好媳妇""五好家庭""好儿女""孝贤先进个人""道德模范""好人好事"等典型案例、典型人物的带动德治建设。

最后，社会互动。拓宽德治建设新渠道，吸纳社会人士积极参与。如传统文化组织，社会志愿者等的广泛参与，让他们将更多的传统文化，更好的作风通过多种形式展现在村民面前，对村民起到教育和鼓励，从而助推乡村德治建设。

3. 开展乡村文明行动

一是村里要将《红白理事会章程》切实使用起来，营造良好的风气，要有制度去约束，比如山西省阳泉市郊区汉和沟村，如果家里有红白事了，凡是能按照村里制定的《红白理事会章程》执行的，村里会奖励15桌菜。

二是让村民树立正确的营造邻里和睦、互帮互助、诚信友善的村庄氛围和农村社会发展新风尚，培育与社会主义核心价值观相契合、与社会主义新农村建设相适应的优良家风、文明乡风和村庄文化，把社会和谐稳定建立在较高的道德水准上。山西省阳泉市郊区汉和沟村实行"红黄榜"制，在村里张贴红黄榜。凡是有不良行为的，比如：耍酒疯的、破坏公物的、不孝敬老人的、带头闹事的，一律上黄榜，并根据情况的严重程度停发半年到两年的福利，这在很大程度上给了村民约束。同样的道理，如果被评为"孝贤儿媳""好婆婆""好人好事"等，给上红榜，凡是上了红榜的人，给加分，给予一定的物质和精神奖励。

（五）推动乡村治理现代化"智治"新模式

1. 对乡村"智治"工作进行设计规划

乡村"智治"工作涉及通信设施、人们使用意愿、网络技术、网络安全等好多方面。所以，要对该项工作进行统筹规划和设计，按照政府主导、市场运作的工作方式，大力推进乡村治理智能化发展。在实际推行过程中，因为各地乡村发展不平衡，具体运作模式可根据当地实际情况适当调整。

2. 探索完善乡村"智治"工作体系

坚持以乡村村民需求为导向，切实以提高政府办公效率，为政府和村民之间搭建便利信息桥梁，以为村民便利和为村民服务为出发点，积极探索建立完善适应乡村"智治"需求的基层治理工作体系。鼓励有条件的乡村开展形式多样的数字乡村治理实践探索，建立有关乡村治理的公众号，建立有利于当地产品推广和销售的小程序。充分利用社会资源，挖掘和培育各类数字治理平台，进一步推进乡村治理信息化。

3. 加强宣传，使乡村治理智能化作用发挥

建好信息基础，搭好智慧平台，就得用，只有用，才能使其发挥作用。所以，乡村干部和村民要积极地参与和使用。为使其作用发挥得更加充分，要从以下几点做起。

首先，要加强培训。要对乡村干部进行乡村"智治"应用培训，增强他们的"智治"意识，提高他们运用现代信息技术手段开展工作的能力，以提高其工作效率。

其次，加强宣传。在村民中宣传"智治"的优点和给大家带来的便利，使村民切实享受到乡村治理中"智治"带来的好处。

再次，智能办公，信息推送。乡村治理"智治"平台搭建好以后，一是利用这个平台，让村民可以少跑腿就可以通过平台把事办了。二是相关部门要推送真正有意义、有价值，并且跟村民息息相关的信息、视频。如智慧党建，特色乡村建设、村民医保、民宿、招聘、乡村旅游、防诈骗常识、法律小讲堂、优秀子女、贤德儿媳、便民服务、养生常识、技能培训信息、优秀传统文化、身边的好人好事宣传等。要让村民看到这个平台所提供信息的重要性，能给信息接收者所带来的价值。这样才会使信息接收者更愿意使用，并愿意将这个平台推荐给更多的人。但是，经过调研发现，好多乡里关于信息的推送非常简单，只是推送乡里召开了什么会议，其他方面的信息没有。

调研得知，关于智能办公方面，村民使用频率还不是很高，有什么事了，村民仍然采用传统的跑腿方式。一方面，是因为智能办公需要再次提高；另一方面，是因为宣传不到位，好多村民并不知道。还有一方面是因为年岁大点的人，对电子科技产品并不会使用。

4. 利用现代信息手段为民服务

要注重信息化的探索创新，运用现代信息化手段拓展"村民说事"的时间、空间和方法，打造线上网上全天候"说事"平台，不断提升"村民说事"的实际成效；要充分运用大数据、云计算、物联网等信息技术，创新推广"村情通"信息终端，发展"农村淘宝"电商服务，重构农村社会生产与社会组织彼此关联的状态，使乡村治理过程更加优化、更加科学、更加智慧。

（六）将五治有效结合打造乡村层面的人心共同体

乡村要想有效的治理，不是哪一个人的事情，不是靠一个人能够完成的，必须是全员参与，共同努力。在这个全员参与的过程中，要切实发挥政治、自治、法治、德治、智治的作用。要切实调动起村民的积极性，让村民积极地参与进来，干部要发挥好正确的引领作用，从而打造乡村层面的人心共同体。

说事会平台的搭建、固庄论坛等就是典型的做法，使得村民开始以主人翁身份讨论身边事，引导村民自我管理、服务、教化、监督，不仅重建了干群信任，也带动乡村治理从过去的干部主导迈向干群合力的新方向，构建起村庄层面的人心共同体，从而为农村各项事业发展和乡村振兴提供了内生动力。

七、结论及后续研究建议

乡村要想有效的治理，要将政治、自治、法治、德治、智治有效的协调。在"五治"实施过程中，万不可一刀切，不可照抄照搬其他地方先进的经验和方法。要结合本地实际情况，突出重点，制定出适合本地实际情况的"五治"实施方案。

实践是检验真理的唯一标准，在"五治"方案实施过程中，要根据当地的具体情况进行适当的调整。

第四章　发挥审计职能助推乡村振兴

第一节　国家审计促进乡村高质量治理制度供给

在国家政策的大力支持下，各地区的社会经济都得到了高速发展，但从制度供给角度而言，乡村治理工作中还存在一些不足。对此，我国可以从审计视角，以国家审计促进各项制度的完善，提升乡村治理水平，为乡村的进一步发展创造良好条件。围绕"国家审计促进乡村高质量治理的制度供给"这一主题展开探索，旨在寻找到增强乡村治理效果的可靠途径，发挥出国家审计的价值，完善乡村治理制度，促进乡村高质量发展。

在国家治理体系中，乡村治理是基础环节，也是非常重要的一个环节。为了进一步提升乡村治理水平，我国需要积极发挥出国家审计的价值。高质量的国家审计，可以有效监督、评价乡村治理效果，预防乡村治理工作中存在的问题，提升乡村治理能力。但要想借助国家审计促进乡村高质量治理，就需要保障各项制度的完整性。

目前，我国乡村治理工作仍然面临着诸多挑战，主要体现在：乡村治理相关制度体系不够完善，国家审计的功能未得到充分发挥。可见，乡村治理任重道远。基于国家审计视角探索"促进乡村高质量治理的制度供给"相关问题，是实现乡村振兴、促进乡村可持续发展的关键，也是推动社会稳定发展的关键。

一、国家审计促进乡村高质量治理制度供给现状

建立有效的乡村治理机制，是提升乡村治理水平，增强乡村治理效果的关键。为了进一步提升乡村治理质量，我国就需要基于审计视角，不断完善乡村

治理制度，保障农村地区的稳定、和谐发展。在完善乡村治理制度过程中，需要明确乡村治理思路、完善乡村治理结构，重视治理监督的作用。

从目前状况来看，在国家大力倡导乡村振兴的背景下，各地区纷纷针对乡村治理问题，制定并出台了相关的政策制度，并且将乡村治理工作效果纳入国家审计范畴，根据乡村治理工作成效，评价各地区乡村振兴战略实施状况，了解乡村治理工作中的不足，明确后续的工作方向。完善乡村治理制度，实现乡村的有效治理，是实现乡村振兴目标的基本保障，也是推动乡村可持续发展的关键。目前，我国各地区乡村振兴战略初见成效，乡村治理水平也显著提升，但从细节处来看，部分乡村地区仍然存在治理机制不完善、治理效果难以提升等问题。针对这些现象，各地区就需要基于国家审计视角，积极探索乡村治理工作中的不足，并且制定行之有效的改进方案，推动乡村治理工作有序进行。

二、国家审计促进乡村高质量治理制度供给可行性分析

随着乡村振兴战略的实施与持续推进，我国各地区都将乡村治理成效纳入审计范畴，旨在借助有效的审计，检验乡村振兴效果，了解各项乡村治理制度的实施情况，监督乡村振兴资金使用效率等等。在促进乡村高质量治理制度的完善方面，国家审计发挥了重要作用。

（一）国家审计能够促进乡村治理方案的落实

为了促进乡村的高质量治理，各地区就需要制定相应的振兴发展战略规划。国家审计可以为各地区制定乡村振兴和治理策略提供数据支持，例如，在制定乡村治理方案的过程中，各地区可以结合国家审计机关公布的最新数据信息和往年的数据信息，了解本地区发展的优势和薄弱点，对本地区的发展前景进行初步预测，锁定战略目标，完善发展战略内容，完善乡村治理方案，一方面，借助地域资源，彰显地域优势，实现局部先发展；另一方面，明确薄弱点，重点扶持落后地区，实现均衡、全面发展。

（二）国家审计能够促进乡村治理制度的完善

健全的乡村治理制度，是促进乡村治理工作有序展开的基本保障。国家审计机关每年会针对乡村振兴状况，出具相应的审计报告，并且会特别关注乡村振兴和乡村治理制度建设情况，评估各地区乡村治理工作成效。各地区、各单位结合国家审计机关出具的审计报告，可以明确目前乡村治理制度中存在的不足，并且结合当地战略发展目标和国家出台的乡村治理战略规划，制订乡村治理制度完善计划，对外公布整改项目和整改结果。借助一系列可靠的措施，强化建设乡村治理制度，使得乡村治理工作有制度可依。

（三）国家审计能够促进乡村治理效果的提升

完善制度是提升乡村治理效果的前提，国家审计机关根据各地区乡村治理工作状况，评估实际的治理效果，并且评估各项乡村振兴项目实施情况。结合审计机关出具的审计结果，各地区可以了解战略的实际可行性和科学程度，了解乡村治理方案的实施情况，同时把握乡村治理制度中的不完善之处。针对这些问题，各地区可以进一步建设制度、完善战略方案，提升项目效益，从而实现乡村治理效果的不断提升。

三、国家审计促进乡村高质量治理制度供给有待改进之处

国家审计对于乡村高质量治理制度的完善，提供了诸多助力，但从最终的成效来看，由于国家审计理念和方式与乡村高质量治理思路存在一些不符之处，导致乡村高质量治理制度供给方面，还存在较多有待改进的地方。具体概括为以下几点：

（一）国家审计需要持续关注制度供给稳定性

制度供给稳定性指的是，乡村治理工作是否持续受到制度的支持。目前，国家审计将重点致力于乡村振兴项目建设效益层面，强调各项战略实施成效和乡村治理经费使用情况，了解各地区、各单位对政策的执行力度，但对于制度

供给的稳定性关注明显不足。具体表现为：在某项乡村振兴和治理战略实施的过程中，国家治理只关注最终的结果，忽视了战略实施过程的制度建设情况，导致部分工作可能缺乏制度的引导，从而影响到最终的工作效果，这对于乡村治理水平的提升很不利。为了突破这种状况，国家审计就需要重点、持续关注乡村高质量治理制度供给状况，确保制度的持续更新与稳定供给，让各项工作计划都能够在健全制度的指引下顺利落实，并且取得良好的效果。

（二）国家审计需要持续监督乡村治理实效性

国家审计大多时候倾向于事后监督，即通过对各个项目效益的审计，了解各项工作情况和各项经费使用效率。在这种监督审计模式下，乡村治理工作中倘若存在绩效水平偏低、经费大量被浪费的问题，则只能追究相关人员的责任，并且给后续方案的挑战提供依据，但无法挽救已经造成的损失。当前，国家审计对于乡村治理工作成效和制度可行性的监督，在时效性和实效性两方面都存在明显的不足。

为了进一步发挥国家审计的职能，推动乡村治理制度的持续、稳定、高质量供给，就需要突破以往"事后监督"为主的模式，转而引入集事前防控、事中监管、事后追踪为一体的模式，让乡村治理工作处于全面监督范畴，如此可以对各单位、各岗位人员的工作行为，形成一定的约束力，进而达到规范乡村治理行为，提升乡村治理的效果。

（三）国家审计需要持续关注制度供给过渡性

乡村治理工作的中心在于落实国家脱贫攻坚、乡村振兴等政策，帮助广大农民群众脱贫致富，提升农村社会的整体经济发展水平，提高农民的生活质量。基于国家审计完善乡村高质量治理制度过程，需要重点关注脱贫攻坚工作的过渡性需求。在目前的乡村振兴和乡村治理工作中，脱贫攻坚工作是重点，也是关键节点。做好脱贫攻坚工作，是持续落实乡村振兴战略的关键，也是提升乡村治理水平的关键。对此，国家审计还需要结合乡村高质量治理工作需求，持续关注制度供给的过渡性，让乡村治理工作重心能够逐步从脱贫攻坚转移到发家致富层面,让高质量的乡村治理为农村地区社会经济的发展助力,为社会的稳定发展助力。

(四)国家审计需要持续关注制度供给针对性

制度供给的针对性,会直接影响到乡村治理工作的最终效果。各地区在基于国家审计视角,强化建设乡村高质量治理制度的过程中,应该明确自身的发展需求,结合当地实际情况和乡村振兴战略目标,制定切实可行的制度改进方案。

首先,乡村治理制度的完善需要以优化资源配置、提升资源利用率为根本出发点。

其次,乡村治理制度的完善需要以促进当地经济发展、提升农民生活水平为根本目标。结合乡村治理工作要求,国家审计需要进一步调整工作目标和方向,并且持续更新审计内容。以往的乡村治理工作对于制度有着较强的依赖性,而各项制度更新的速度相对缓慢,针对性不强,因而在日后,需要基于国家审计视角,重点关注制度供给的针对性,保障制度的新颖性和可行性。

四、国家审计促进乡村高质量治理制度供给对策

国家审计在促进乡村高质量治理制度完善方面发挥了重大作用,在实际的审计工作中,各地区需要结合当地治理工作状况,总结工作经验,并且根据国家审计机关出具的审计报告,对各项制度加以完善,为乡村的持续发展创造良好的条件。

(一)发挥国家审计职能,保障制度的持续完善

在乡村高质量治理工作体系中,必然包含了诸多的建设项目,而项目资金是否能得到优化配置,直接关系到最终的项目效益。乡村振兴战略的顺利落实以及战略目标的实现,都需要依靠各项制度的支持,其中,项目资金分配制度尤其关键。为了保障乡村振兴和乡村治理项目的整体效益,各地区需要积极分析以往资金分配制度中存在的不足,并且基于国家审计视角,对资金分配制度

加以完善。

首先，借助国家审计合理划分资金用途。乡村治理工作中，应该利用项目资金重点扶持地域特色产业，持续关注当地经济发展状况，了解脱贫攻坚项目进展和实际效益；及时发现不合理的资金分配情况，根据预期资金分配计划，推出相应的整治措施。

其次，借助国家审计规范资金分配流程。脱贫攻坚项目资金是否满足专款专用原则，还需要依靠国家审计结果得知。为了保障资金得到高效使用，国家审计需要将资金分配流程作为监督重点，一方面，优化资金分配流程，使得各项资金得到优化配置，提升资金利用率；另一方面，及时发现不合理的资金使用行为，减少资金的浪费，降低徇私舞弊行为的发生概率，防止专项资金被随意挪作他用。

最后，借助国家审计明确资金分配依据。在不同的阶段，乡村治理工作重点不同，因而国家审计应该根据乡村治理工作特征，明确各个阶段的资金分配标准。例如，在脱贫攻坚阶段，需要将大部分资金用于扶持本地贫困户，帮助他们解决生活问题；在乡村振兴战略实施阶段，需要将大部分资金用于发展当地特色产业。此外，各地区还可以借助国家审计合理分配乡村治理权限，防止权力被滥用，同时也让乡村治理工作者可以更好地为当地农民服务。

（二）发挥国家审计职能，促进政策的有效构建

国家审计应该重点关注乡村治理工作中，是否存在贪污腐败、已脱贫农户返贫等问题，如此可以及时了解到乡村治理政策的合理性，了解乡村振兴战略的最终实施效果。具体而言，借助国家审计推动乡村治理政策有效构建，需要做好以下几方面的工作：

一是以审计保障乡村治理政策的稳定性。国家审计机关可以将各项乡村治理政策的执行情况纳入审计范畴，通过"政策执行前风险的预测、政策执行中效果的关注以及政策执行后影响力的分析"，掌握政策实施的具体情况，关注各项政策的稳定性，例如，国家审计可以针对地区教育扶贫政策的执行全过程展开监督，关注教育扶贫政策的稳定性，评估教育扶贫政策在当地社会发展中

实际发挥的作用。

二是以国家审计提升乡村治理政策的执行力度。国家审计需要围绕政府专项补助、脱贫攻坚、科技创新等政策展开，以此及时发现政策与实际情况不相符的地方，了解政策的实际可行性，消除政策监管漏洞。针对多部门交叉管理问题，制定更加权责分明的制度，同时引导各部门展开密切的沟通与合作，确保政策目标的一致性，维护政府政策的权威地位。

三是以国家审计保障乡村治理政策的时效性。国家审计机关可以结合国内政治经济发展形势和地方经济发展特征，审查各项政策制度是否符合当下的最新要求，以此保障政策的时效性，为提升乡村治理工作效益打下良好的制度基础。

（三）发挥国家审计职能，推动路径的顺利建成

乡村治理工作中涉及的制度多种多样，为了保障各项工作的顺利进行，就需要不断地完善乡村治理工作制度，不断建设乡村治理新路径。借助国家审计完善乡村治理制度过程，需要明确几个思路：

一是以国家审计推动乡村治理模式的更新与建立。不同的工作阶段需要使用不同的工作模式，因此国家审计机关可以根据各地区以往乡村治理工作效果，出具相应的审计报告，指导各地区明确后续的乡村治理工作思路，明确各岗位工作人员的职责，借助健全的制度，指导各岗位人员认真落实政策要求，认真指导各项工作。

二是以国家审计提升乡村治理决策机制的科学性。为了有序推进乡村治理工作，各地区就需要结合当地的实际情况和群众的现实需求，制定行之有效的治理决策。国家审计机关需要根据群众最关心的问题，评估乡村治理工作效果，评判各项治理决策的科学、合理程度，并且在综合考虑了各项因素之后，给出合理的改进建议，向主管部门及时反馈相关信息，保障广大人民群众的根本利益。

三是以国家审计开辟乡村治理新路径。乡村振兴与乡村治理是一项系统性的工程，是一场持久战，乡村治理工作者应该根据国家审计机关反馈的各项数

据信息，挖掘优势资源，彰显地域特色，开发出一条全新的发展路径。在实际工作中，乡村治理工作者需要持续搜集和分析信息，从中寻找对乡村发展有利的信息，基于此，制定科学的战略决策，带领广大农民走上发家致富的道路。

（四）发挥国家审计职能，实现机制的不断强化

在国家审计的职能体系中，监督职能占据着重要地位。以国家审计实现乡村治理监督机制的持续强化，是时代发展的必然要求，也是充分彰显审计机关监督职能的具体表现。

首先，有效的国家审计可以及时揭露乡村治理工作中不合理的资金使用情况以及滥用职权等问题，使得乡村治理各项工作处于全面监管范围，如此可以了解各单位、各岗位人员对各项政策的执行情况，把握乡村治理工作的整体绩效水平，判断工作方案是否科学、合理。

其次，有效的国家审计，也是落实全过程监督机制的关键。在以往的审计模式下，国家审计侧重于对结果的分析，为了提升审计结果的客观真实性，审计部门可以实施全过程监督原则，将乡村治理工作过程和结果都纳入审计范畴，即在结果监督的基础上，增加过程监督相关内容，让乡村治理监督机制得到强化，使乡村治理工作处于全面监管范围，如此可以对乡村治理工作产生一定的行为约束力，使得乡村治理工作效率得以提升。同时，全面监督机制的顺利落实，还可以为乡村治理工作提供制度、方案完善依据，使得各项工作的目标更加清晰、资金使用情况更加明确、单位绩效评价更加科学合理。

五、结语

国家审计在促进乡村高质量治理的制度供给方面发挥了重大作用。在日常审计工作中，审计部门应该积极更新审计工作理念，创新审计工作模式，丰富审计工作内容，结合乡村高质量治理工作需求，指导持续完善各项制度。国家审计需要持续关注制度供给稳定性、过渡性、针对性，与此同时，持续监督乡村治理实效性，借助各项措施，充分发挥出国家审计的基本职能，保障乡村治理制度的持续完善，促进乡村治理政策的有效构建，推动乡村治理路径的顺利

建成，实现乡村治理监督机制的不断强化，高效利用审计结果，提升乡村治理工作水平。

第二节　权责清单视角下审计助推乡村振兴

国家审计是国家治理的重要制度基石，是国家总体把控地方治理的重要手段。在新时代中，社会主义经济发展形势的转化，地方治理方式的变革也对国家审计提出了更高的要求。根据《中华人民共和国审计法》，国家审计机关必须充分发挥其监督、预警、纠偏功能，助力于国家经济整体向前推进。众所周知，乡村振兴是近几年我国经济发展与建设的重点任务之一。国家在乡村振兴方面投入的财力、物力与人力都会相对较多。那么，国家审计必须平衡好国家治理与农村自治之间的关系，要认清乡村振兴过程中容易出现的各类审计问题。基于权责清单的视角之下，国家审计对扩大乡村振兴的资源供给，提升人民群众的幸福感和获得感，以及提高生态环境质量都发挥着举足轻重的作用。权责清单的视角下决定了国家审计必须要对错分明、严谨有效的执行审计功能，对乡村振兴过程中财税、金融、土地、教育、医疗等诸多内容都要实行跟踪审计，落实地方政府相关部门的主体责任，促使地方部门能够科学有效地行使各项权力，能够使乡村振兴过程中各类问题的处理符合国家下发的指导性政策，不偏离正确的轨道，不迷失正确的方向，能够使我国在获得了脱贫攻坚战胜利之后，再次创建下乡村振兴的伟大奇迹。

一、乡村振兴中国家审计的重点内容分析

（一）农村产业发展过程中的政策执行情况

乡村振兴必须在发展以农业为基础的各类产业，推动农业供给侧结构性改革，使农业产业能够在发展的过程中拥有更大的动力、更高的效果和更优的质量，逐渐展现出农业综合效益，使农业拥有喷薄发展的后劲与空间。国家审计要坚决贯彻"藏粮于地""藏粮于计"的战略方针，对基本农田和耕地保护进

进行审计，要全面了解高标准农田建设的资金使用与效益产生，对与生态环境影响较大的土地整治、污染治理也要加强审计。除此之外，国家还会对育种改革、农业技术推广、农业补贴的使用与发放等进行审计。目前，我国农业正处于规模化经营的初期阶段，在实现规模化经营目标的过程中，国家相关政策的执行、生产经营体系的构建、生产链条的维护与延伸，以及生产服务体系的完善等，都是国家审计的重点内容。

（二）生态环境保护与绿色发展理念的落实情况

农村生态环境保护是生态环境保护的重点与难点。近几年，国家对农村的环境污染治理、生活生产垃圾的处理等投入了大量的资金，也出台了相关的措施与政策，当地政府应该不折不扣地执行。尤其是在农村地区运营与生产的产能低、能耗高的企业，一定要消除工业污染，减少农业生产方式给农村水资源、土资源造成的污染。同时，国家审计会全面监测农村的大气、水、土壤等自然资源的利用情况。国家审计应该对农村耕地的生态补偿机制的落实进行审查。除此之外，退耕还林、退牧还草，打造生态宜居农村，都是国家审计的重要内容。

（三）农村民生保障及公共服务建设的推进情况

农村民生是我国的民生之本。农村民生水平与城市民生水平之间的差距始终是制约着生产资料、人力资源向农村聚集的重要因素。近几年，我国不断推进农村公共基础设施建设，社会事业、公益服务、民生福利等不断向农村延伸，使农民也能够拥有与城市居民相同的获得感和幸福感。国家审计会对农村基础设施建设和公共服务政策落实的相关内容进行重点审计。除此之外，还会对与农民相关的就业政策的落实进行审计。例如农民工接受培训、农民返乡就业政策落实、进城务工农民子女受教育问题等。在农村地区比较突出的教育、医疗、养老、救助等问题，对道路、水利、物流、通信网络建设等人民群众关注度较高的问题也都是国家审计的重要内容。

（四）脱贫成果稳固与乡村振兴的有效衔接情况

乡村振兴是以脱贫成果为基础的。我国实行乡村振兴战略就是为了稳固脱贫成果的同时，进一步激发出农村的发展潜能。但是在乡村振兴的初期，国家还是需要对农村地区刚刚不贫人群的社保问题、专项救助资金的发放等情况密切关注的。地方政府必须落实"摘帽不摘责任、摘帽不摘监管"的责任。对于一些贫困村、贫困乡比较突出的饮水安全、水利灌溉、耕地保护、农民创业资助等问题，也需要继续督促当地政府按国家政策与工作的总体部署要求，保质保量，有条不紊地完成。对于部分集体易地迁居的地区，应该继续完善集中安置区的基础设施建设问题，对于刚刚步入正轨的生产生活应该继续发挥政府的引导作用。在乡村振兴的初期，基层政府更是应该做到权责分明，"不可拿时莫伸手"，杜绝微腐败的发生，避免群众身边出现"苍蝇式"的小贪官。在脱贫阶段里，涌现出来的农村企业需要得到政府的进一步支持与鼓励，国家为这些企业制作的支持性政策必须落实到位，壮大集体经济，强化集体资产的监管，使人们能够在乡村振兴阶段可以持续增收。

（五）农村人才的培养与人才引进机制建设情况

人才是乡村振兴的动力之源。农村走出适合自身，因地制宜，富有特色的振兴发展之路，就要引入专业能力出众、热爱广大农村、立志扎根农村与改变农村的青年人才。近几年，我国对于农村人才引入与青年人返乡创业等出台了系列支持性政策，加强农村基层人才培养，将重点资金投入到高科技、高素质人才所牵头创建与实施的农业项目中。鼓励科研院校、机构等，加快对农业技术的开发，为技术成果的转变与应用提供资金支持，提供必要的条件支撑。除此之外，国家还会对地方政府在人才引进过程中所承担的各项政策落实责任进行审计。对于目前对农村经济产生积极促进作用的农民返乡创业，农业农村技术技能人才培养等方面，也都应该体现出政策的担当。

（六）农村融资机制建设和涉农财政资金投入情况

乡村振兴对资金的需求量较大，除了国家的专项拨款以外，还需要地方政府构建多元化的融资体系，广泛而深入的吸纳社会多方的投资，形成具有较强基础的资金储备体系。国家审计会对与涉农资金的投入情况进行全面审计，政府各类机关单位应该将涉农资金都全面按照规定、按照政策足额及时发放到位，严禁挤占、挪用、骗用等现象的出现。对于部分融资机制运行不畅，财政资金沉淀闲置的情况，也需要进行审计。大力推进农村经营主体的信用建设，对于信用度较高的企业与社会个体，应该在创业与经营融资方面进行适当的倾斜，倾斜的力度与标准的把握都是国家审计的重点内容。

二、权责清单视角下国家审计助推乡村振兴的逻辑机理

（一）权责清单视角下国家审计助推乡村振兴的理论基础

权责清单视角下，国家审计履行的是公共受托责任，它是代表着国家行使的监督权、审查权与督促权，它是国家治理的根基。因此，乡村振兴作为国家实施的重要战略项目，必须接受国家审计，其是建立于公共受托责任理论的基础之上的。公共受托责任理论的核心要义是"当所有权与经营权处于分离状态时，受托责任就会产生，监督需求也随即出现"。我国是社会主义国家，一切权力与财富都是属于人民的。人们的资产被国家进行统筹管理与分配，是为了实现最科学、高效的利用，人们对资产的使用情况拥有知情权、监督权。这项工作则由国家审计来代为行使。在国家复杂的运营体制之下，多级政府中的多个机关部门参与到具体的工作之中，那么，不同的权责划分也提出了不同的任务要求，在权责高度集中的状态下，各级政府中的各类职能部门都是国家审计的对象。公共受托责任始于政策的制定，终于政策的落实。因此，国家审计工作会贯穿于国家各项政策的出台、实施以及取得成效过程中的所有环节。国家审计在开展审计工作的过程中，有可能会遭遇专业技能壁垒，这就需要向专业的第三方机构求助，第三方对各项政策的落实情况的监督与鉴定，可以成为

国家审计的佐证。国家审计的主要功能包括监督、鉴定、评价和问责，是国家提高治理能力、完善治理体系的重要工具，其具体工作的开展也是以国家治理理论为基础的。国家治理理论国家的发展与建设投资等，都需要进行监督与审查，从政策的制定到执行，都要保证多级政府及其下属的各类机关单位要发挥其职责功能。那么，这就需要具备监督与审查作用的国家审计部门介入。我国农村地区面积广袤，地域辽阔，人口众多。乡村振兴所牵涉到事务繁多杂乱。如果出现政策执行不到位，悬空而止的情况，就会对一个地区的乡土振兴战略目标的实现产生不利影响。为了确保乡村振兴战略能够取得成功，就必须要保证各项政策能够精准落实，防止出现机会主义倾向，为乡村振兴提供有力的监督保障。

（二）权责清单视角下国家审计助推乡村振兴的作用机制

目前，世界各国都利用审计来推动国家治理能力的提升与治理体系的完善。国家审计具有绝对的权威性、独立性、强制性。在国家宏观经济发展与受人瞩目的战略项目的推进过程中，审计更是主动发现存在问题的有效手段。尤其是在公共资金、公共资源的利用领域，容易出现搁置、挪用、骗取、贪污等各类潜在风险，审计工作可以提前预警，并有效地促进各类项目目标的达成。乡村振兴战略是国家发展农村、农业，造福农民的又一重要举措。国家审计充分发挥其监督审查功能，对乡村振兴过程中有可能出现的各类问题进行提前预警，例如，资金预算的科学性、资金分配的合法性、资金筹措的依规民生等。通过对这些信息的搜集，排查出高风险隐患，提前进行防范与干预，达到"未病先治"的效果。在乡村振兴的各项工作在深入推进的过程中，国家审计会对资金使用情况进行跟踪追溯，对政策的落实情况进行调查反馈，对项目的建设情况进行摸底审查，如果发现任何背离国家政策和规定的行为，都会依法做出相应的处理。国家还会对已经完成的项目进行审计，发挥其事后反馈抵御功能。例如，在乡村振兴中极易出现的资金挪用截留、贪污私分、随意变更等，都会导致项目建设缓慢，政策落实走空，人民群众反应强烈，不仅会给国家带来重大损失，还会影响乡村整体战略的向前推进。

三、权责清单视角下国家审计助推乡村振兴路径构建

(一) 强化党对乡村振兴审计工作的全面领导

坚定不移地发挥党的领导作用,是推进乡村振兴审计工作的重要保障。党对国家一切工作的指挥要做到全面覆盖、权威高效。党非常重视国家的审计工作,重视在各个战略项目推进的过程中,各级政府的职能发挥,尤其是关系到广大农民和农村地区的乡村振兴战略,国家以中央审计委员会为核心,使国家审计工作进入了党的集中统一领导的新时代。在乡村振兴的过程中,涉及的审计项目类型多、数量大、复杂程度高。国家审计只有坚定不移地执行国家的审计政策,以坚定的决定与伟大的信念,支撑着克服一个又一个困难,化解一道又一道难题。党在领导和开展乡村振兴工作时,统一指挥、统筹谋划,在项目与职能顶层进行优化设计,形成了乡村振兴审计的整体战略思路,采取长期与短期审计相结合,重点任务与难点任务相并重,工作布局科学合理,审计体系完善有效,体现出国家审计在乡村振兴战略推进过程中发挥着重要促进作用。在《党委审计委员会工作实施办法》中,也对各级党委的审计委员会的职责范围进行了明确的界定,并要求各级党委必须配合国家审计工作的开展,为其提供了坚实的制度保障。

(二) 深入开展权责清单视角下的审计监督

国家实施乡村振兴战略,目标明确,计划合理,推进严谨,其系统性、严密性较强。在乡村振兴战略中,人们关注度最高的就是生态环境保护、农村产业发展以及与民生关系尤为密切的教育、医疗、公共基础设施建设等。国家财政向乡村振兴投入了大量的资金,那么,资金如何被合理地分配于各类子项目之中,并做到"应尽其用"就是地方政府的重要权责,也是国家审计的重点内容。因此,国家审计工作的开展一般会对资金的使用为主线,对财政资金的使用情况进行审计,避免资金出现"跑、冒、滴、漏"等现象。国家审计还会以政策的落实情况为抓手。国家在推进乡村振兴战略时,会出台一系列配套政

策，以畅通实施机制，实现工作目标。但是，由于乡村振兴需要各级政府层级式向下推进，很多政策在执行的过程中会遇到各种阻力，就使得个别层级的政府会"打折"落实，到基层或者农民那里，政策已经面目全非。针对这种情况，国家会对政策执行的结果进行反馈式调查，尤其是群众关注度较高，在基层政府机构中权责较大的事务，如扶贫资金的发放、土地流转、农业规模化经营等。乡村振兴过程中，各级政府必须明确自身的生态环境保护责任。生态环境审计是国家审计的重点内容，随着国家经济的发展，农业经济空间的扩大，很多投资企业开始将经济主体移至农村地区，导致乡村的水、大气以及土壤等资源的保护变得棘手，农产品安全受到威胁。因此，国家审计必须要强化乡镇政府的管理责任，增强其责任意识，使其在创建美丽乡村方面贡献力量。

（三）抓好和突破审计工作的权责重点与难点

乡村振兴战略中涉及的资金数量较大，各级政府必须要加强廉洁干部队伍建设。工作人员是资金分配与使用的主体责任人。当大量的资金经手处理时，就要坚决避免在此期间出现的各类主体责任问题，就是要保证领导干部能够合法、经济、高效地使用各类公共经济资源，使公共经济资金的效益实现最大化。乡村振兴工作中的难点也在于村级干部的工作作风备受诟病，村级腐败十分严重。村级党组织的职能涣散弱化，在资金使用方面存在着严重的优亲厚友、私分贪污等情况。因此，国家审计必须深入村级系统，要发挥党政领导干部对村级党组织发挥领导作用的监督与促进，对于那些可能会出现的腐败问题，要做到事前预防、事中干预、事后追查，要形成严密、科学的审计系统。除此之外，国家审计还应该健全乡村振兴审计结果的公告制度。充分利用自身享有的审计结果披露权，利用多元化平台与渠道，将审计信息及时发布，保证公众对乡村振兴战略推进的知情权和监督权。国家审计应该对信息公布的次数、时间、事项等进行明确的规定，形成常态化、规范化的审计信息公开制度，也可以提高人民群众参与乡村振兴审计监督工作的积极性。

（四）加强审计人才队伍建设和信息技术应用

随着社会主义市场经济的繁荣，市场主体的经济行为、经营方式也变得日趋复杂，国家审计工作面临着更大的挑战。权责清单的视角下，审计工作的权责划分的难度更大、更重要。因此，必须要加强审计人才队伍建设，要吸引更多的专业人才加入审计队伍之中来。建立与高等院校的合作机制，将部分复杂项目的审计工作中出现的问题进行总结，探讨出乡村振兴工作的新思路与新方法。同时，在信息时代之下，很多审计工作都是依赖信息技术在信息技术平台上进行。国家审计系统不断优化升级，功能日趋完善，同时也需要参与审计的工作人员具备较高的信息技术应用能力。尤其是在乡村振兴中，很多乡级以下政府的工作人员对审计信息的系统录入无法全面、准确的完成，有时还需要审计人员结合平台信息和纸质类的记录文档进行综合审查。因此，审计人员既要具备专业的信息素养，还应该具备灵活适用的能力，可以妥善处理审计工作中出现的各类问题。

四、结语

乡村振兴是发展农村，实现农民共同富裕，平衡城乡经济发展水平的重大战略举措。我国的乡村振兴之路没有可以借鉴与模仿的经验，只能凭借着自身在社会主义经济建设、农村经济发展中取得的经验，结合中国农村实情与现状，摸索着前行。在前行的过程中，国家审计作为重要的监管职能，就需要立足于权责清单的视角，摸清国家审计推动乡村振兴发展的逻辑机理，解决审计过程中出现的各类问题，围绕着审计工作中的重点内容，探讨出国家审计助推乡村振兴建设的有效路径，为乡村振兴目标如期实现贡献力量。

第五章 弘扬传统文化赋能乡村振兴

第一节 优秀传统文化传承意义及现状

一、中华优秀传统文化包括哪些

中华传统文化包括：古文、诗、词、曲、赋、民族音乐、民族戏剧、曲艺、国画、书法、对联、灯谜、射覆、酒令、歇后语等；传统节日（均按农历）有：正月初一春节（农历新年）、正月十五元宵节、四月五日清明节、五月五日端午节、七月七七夕节、八月十五中秋节、腊月三十除夕以及各种民俗等；包括传统历法在内的中国古代自然科学以及生活在中华民族大家庭中的各地区、各少数民族的传统文化也是中华传统文化的组成部分。

二、优秀传统文化传承的意义

文化是一个国家的软实力，是一个民族的灵魂，党的二十大报告指出：坚持和发展马克思主义，必须同中华优秀传统文化相结合。只有植根本国、本民族历史文化沃土，马克思主义真理之树才能根深叶茂。

三、优秀传统文化传承的现状

（一）对优秀传统文化传统的重要性认识不够

对于老一辈人来讲，他们对中华优秀传统文化有着非常深的感情。但是相对于现在的年轻一代，接受并弘扬中华传统文化的越来越少，反而有些人崇洋媚外，认为吃"洋食"、过"洋节"，去国外旅游是一种时尚。他们中的好多人甚至认为我们的传统文化很"土",将勤俭节约、勤勉持家、仁义礼智信、传统孝道等统统抛到脑后,于是出现了"月光族""啃老族""丁克"等这个年代特有的代名词。

(二)对优秀传承文化传承的教育不足

当前的教育,从小学、初中、高中,对学生们传递的以考试知识为主。从学校以及家庭方面,给予学生们这方面的引导也少。家长大多是望子成龙、望女成凤,期望学生能够考上理想的大学,找一个理想的工作,而对于学校来说,也是重视的是升学率,所以家长和学校对孩子的引导重点在升学上,对于优秀传统文化传承方面给予的引导相对较少。

第二节 乡村振兴背景下优秀传统文化传承的路径分析

文化强则乡村强,文化兴则乡村兴。在乡村振兴背景下,只有不断大力深化乡村振兴内涵,强化各领域同步振兴,才能使乡村振兴步入协调发展轨道,进而促进乡村可持续发展。文化具有教育功能,而且在引导与服务功能方面也具有一定的优势,大力推动文化振兴,对于提高农村群众文化素养、夯实乡村文化基础,特别是通过丰富和完善乡村文化振兴载体和促进乡村文化振兴可持续发展,才能促进乡村文化建设有产性。大力推动优秀传统文化传承工作,对于促进乡村文化振兴至关重要。当前,一些地方已经把传承优秀传统文化纳入到乡村文化振兴当中,而且在组织实施的过程中也积累了丰富的经验,有力地促进了乡村文化建设。各地在实施乡村振兴战略的过程中,除了要深刻认识到乡村文化振兴的重要意义之外,也要努力构建更加完善的乡村文化振兴体系,丰富乡村文化振兴内容,发挥方方面面作用,合力推动乡村文化振兴,促进传统文化传承向纵深开展,最大限度提升乡村文化建设质量和水平。

作为乡村振兴战略的重要组成部分,各地都已经深刻认识到文化振兴的深远意义和重要价值,而且也在积极探索促进乡村文化振兴的科学方法和有效路径,一些地方乡村文化建设特色化和针对性较强,但优秀传统文化传承工作仍然需要进一步加强。对此，各地在实施乡村文化振兴时，需要深刻理解和认识优秀传统文化工作的重要性，在此基础上进行实践探索，使优秀传统文化传承成为乡村文化振兴的内容之一。从乡村振兴背景下优秀传统文化传承的必要性来看，主要包括三个方面。

大力推动乡村文化振兴，不仅可以促进乡村文化建设，而且还能够进一步强化乡村振兴的良好文化基础。因而，从这个意义上来说，只有乡村文化振兴，才能为乡村整体振兴创造良好的条件。对此，各地要积极探索乡村文化振兴的创新路径，特别是要丰富乡村文化内容，做好传统文化传承工作，对于完善优秀传统文化体系具有十分重要的基础性作用。例如：农村诗词联文化具有广泛性，将农村"诗词联文化"融入乡村文化建设当中，能够使其更具有传播性，"一年农事在春深，无限田家望岁心……"等诗词联文化为广大农村群众所熟悉，其导向作用十分强大，既能够体现农村文化，而且也能够通过有效的传承进一步丰富乡村文化内容，促进乡村文化吸引力和影响力的持续提升。

众所周知，文化的教育功能十分强大。我国优秀传统文化博大精深，特别是在继承与发展的过程中不断进行优化与完善，优秀传统文化的育人功能得到了充分发挥。推动乡村文化振兴，除了打造良好的农村文化环境以及农村文化特色之外，也要提高农村群众素质，加强文化引导，使农村群众能够学习传统文化，利用传统文化开展生产生活。通过深入开展优秀传统文化传承工作，能够更有效地发挥优秀传统文化的育人功能，进而在教育农村群众、引导农村群众、提升农村群众方面发挥更加积极的作用。例如：优秀传统文化中的特色体育文化不仅具有很强的文化气息，而且还能够培养农村群众的体育意识。因而，从这个意义上来说，深入开展优秀传统文化传承工作，对于发挥传统文化育人功能、培养新型农民具有很强的支撑作用。

良好的乡村文化氛围，不仅能够体现乡村文化气息，而且也能够促进农村精神文明建设，更能够培养农村群众良好的能力和素质。文化具有引导功能。因而，优秀传统文化能够起到很好的导向作用，如多开展一些文化活动，不仅可以促进文化传承，而且也能够丰富广大农民群众的生产生活之后的精神文化生活，进而使农村文化建设实现更大突破。例如：通过开展"正月十五猜灯谜"

活动，不仅可以丰富农村精神文化生活，而且也能够在"过中国节"方面发挥积极作用，更能够引导农村群众加强学习、提高文化素养。当前，一些地方在实施乡村文化振兴的过程中，将优秀传统文化融入"三农"的各个领域，如在发展乡村旅游的过程中，大力推动文化旅游建设，而且还积极打造具有乡村特色、区域特色"旅游文化"，使"文化+乡村旅游"成为一种品牌，既促进了乡村文化建设，也推动了农村产业转型发展。

通过以上分析可以发现，大力开展优秀传统文化传承工作，对于促进乡村文化振兴具有很强的基础性和支撑性作用，而且也能丰富农村精神文化生活、提高农村群众文化素质。对此，各地应当进一步提高优秀传统文化传承工作的重视程度，将其纳入乡村文化振兴和乡村文化建设体系当中，对这项工作进行科学设计，制定科学的工作方法，推动优秀传统文化传承工作落实到位。各地在开展乡村文化建设时，应当进一步健全和完善运行机制，出台《开展优秀传统文化传承工作促进乡村文化振兴的指导意见》，明确传统文化传承方向，制定有针对性的传承举措，加强对优秀传统文化传承工作的指导与服务。将优秀传统文化传承作为培养新型农民、提高农村群众素质的重要举措，营造良好的传承环境，加大对优秀传统文化的宣传力度，只有这样，才能使优秀传统文化传承工作更加规范有序，进而不断取得良好成效。

做好乡村振兴背景下优秀传统文化传承工作，至关重要的就是要深度挖掘整合优秀传统文化资源，强化文化传承工作的综合性，同时也要拓展传承领域，促进融合创新，不断丰富优秀传统文化内容，促进传统文化"进乡村""进农户"，强化传统文化在农村广大群众中"入脑入心"。优秀传统文化涉及众多领域，各地应当找准突破口，广泛收集与农业、农村、农民相关的优秀传统文化内容，并将其融入"三农"的各个领域和各个环节，进而才能使优秀传统文化发挥积极作用。例如：传统论中的"仁、义、礼、智、信"具有很强的教育和引导功能，而且还有很多与之相关的历史故事，可以将这些历史故事进行编辑处理，并与"三农"进行结合。要深度挖掘整合具有区域特色、乡村特点、文化物质的"本土"优秀传统文化资源，如传统的"孝"文化在各地都有不同的体现，应当根据地方特色进行深度挖掘整合，并将其纳入到"乡德"建设体系,同时还要对现代"孝"文化进行传承,引导广大农村群众和谐相处、团结互助、共同发展。

对于开展乡村振兴背景下优秀传统文化传承工作来说,需要大力构建完善的传播体系,并发挥农村群众自身的积极作用,成为优秀传统文化传承、传播主体,这对于在农村弘扬优秀传统文化、推动乡村文化建设可持续发展十分重要。对此,各地积极打造多元化的优秀传统文化传承载体,通过行之有效、富有吸引力的方式,使优秀传统文化在农村能够进行广泛传播。积极探索将优秀传统文化纳入农村精神文明建设当中,深入开展具有针对性、特色化、吸引力的活动,如为了培养农村群众诚信意识,可以将优秀传统文化中的诚信文化作为重要内容,并开展一些评比表彰活动,通过"诚信户"评比等推动诚信文化在农村有效推广。如为了培养农村居民和谐意识,可以大力推广优秀传统文化中的"天人合一"和"和文化",并通过一系列行之有效的创建活动组织实施。

乡村文化振兴对于促进乡村振兴具有基础性作用。对此,在开展优秀传统文化传承工作的过程中,应当将优秀传统文化传承与农业产业发展、农村环境建设、农民素质提升进行有效融合与互动,使优秀传统文化发挥多元化功能。对此,各地应当积极探索行之有效的融合互动模式,在传承优秀传统文化的过程中推动"三农"建设,进而实现乡村振兴的目的。要充分利用优秀传统文化传递农村"声音",切实加大对"三农"的宣传力度,赋予"三农"文化内涵,如在发展农业产业的过程中,应当根据地方文化特色,对农业产业进行整体打造,充分发挥品牌效应,进而提高农业产业的竞争力。促进优秀传统文化有效融合互动,还要以优秀传统文化教育、引导、服务农村群众,如引导农村居民拍摄具有农村文化特色的"短视频",并在"抖音"等平台进行传播,既有利于宣传和推动农村,也有利于培养农村群众文化意识和文化自信。

优秀传统文化传承工作是一项系统工程,不仅涉及方方面面,而且也需要进行科学设计。对此,各地在实施乡村振兴战略时,需要高度重视优秀传统文化传承体系建设,切实加大资源整合力度,动员各个渠道开展优秀传统文化传承工作,努力构建强大的工作合力。加强优秀传统文化传承队伍建设,从农村实际入手,县乡应当加强对优秀传统文化传承工作的指导和服务,制定相关政策，推动工作落实；村级组织应当切实发挥主体作用，切实加强人员队伍建设，如发挥大学生、技术人员等的作用，使他们成为优秀传统文化传承工作的主体力量。要充分发挥中华优秀传统技艺"传承人"的作用，引导他们通过各种形式开展传承工作，同时还要利用"学徒制"培养优秀民间艺人。加强优秀传统文化传承体系建设，也需要大力推动城乡互动，如在实施"文化下乡"的过程中，应当把传承优秀传统文化作为"文化下乡"的重要内容。

优秀传统文化是我国文化事业的重要组成部分，对于推动乡村文化振兴具有十分重要的价值。各地应当将优秀传统文化传承纳入乡村振兴特别是乡村文化振兴当中，既要深刻认识到在乡村文化振兴中传承优秀传统文化的重要价值和积极作用，也要加强实践探索，借鉴相关经验，推动优秀传统文化传承工作向纵深开展。在具体的实施过程中，要着眼于推动乡村文化振兴，把弘扬、传承、创新优秀传统文化进行有效结合，从有利于完善乡村文化振兴体系、有利于发挥传统文化育人功能、有利于营造乡村良好文化氛围、有利于丰富乡村精神文化生活"四个有利于"入手，采取更具有创新性的方法，高度重视优秀传统文化传承工作，将其纳入乡村振兴整体工作，加大对传统文化的挖掘，在此基础上优化和完善传承方式和传承模式，强化传统文化的导向功能，培养农村群众文化素质，促进农村精神文化生活可持续发展，最终实现乡村文化振兴目标。

第六章　实施循环经济助推乡村振兴

第一节　建立节水高效农业助推乡村振兴

21世纪我国农业水资源供需矛盾进一步加剧，农业水资源严重短缺，要解决我国粮食安全问题，走可持续发展之路，必须采取强有效的措施走节水高效之路，从而才能从根本上缓解农业水资源的短缺状况。首先，论述了我国农业水资源的现状及存在的主要问题——节水设备不配套，灌溉水利用率低；其次，对其前景进行了预测；最后，重点提出了节水的对策和建议，指出发展农业节水不仅是技术问题，更主要的是管理体制和政策问题。通过这些对策的实施以期能对我国经济及社会发展有所助益。

21世纪又被称为"水的世纪"，因为随着世界人口增长，水资源将严重不足。目前占世界人口40%的80个国家淡水供应短缺，已成为限制其经济社会发展的重要因素，我国被列为世界13个贫水国家之一，水资源问题将是制约我国21世纪经济社会可持续发展的首要资源环境问题。

然而，在我国水资源利用中，农业是用水大户，农业缺水益更加严重，据有关统计表明，目前全国正常年份缺水量近400亿吨，其中农业缺水约300亿吨，观其现状，存在的主要问题十分突出。

一、农业水资源现状及存在的主要问题

（一）农业灌溉用水利用率低

我国农业是用水大户，用水量约占我国用水量的70%，西部地区更达90%，且绝大部分是灌溉用水。可是我国灌溉用水基本上沿袭传统方式，无论

渠道用水还是机井取水，大量的大水漫灌超过实际需水量40%左右，而农业先进国家灌溉水利用率达80%以上。

（二）农业用水缺乏统筹规划，节水设备不配套

全面规划、合理布局是农业节水健康快速发展的基础。由于以往对农业节水发展战略和客观规律研究不够，在指导和推动农业节水工作中存在主观性、盲目性。有些地方不考虑当地自然和社会经济条件，片面强调单项技术，盲目追求"先进技术"，造成一些节水工程高投入、低效益。有些地方对水资源状况不清，对上下游的关系研究不够，没有考虑生态环境用水，盲目扩大灌溉面积及高耗水作物，造成过量引用地表水，超量开采地下水。而且我国农业节水的科技创新能力不足，成果转化率低。虽然目前我国已经建立了门类齐全的节水灌溉设备生产企业，产品数量基本满足需求；但由于生产企业规模小，技术水平低，生产装备及产品质量比较差，没有形成规模化、系列化、标准化生产。

从上述现状及存在的水资源主要问题可以看出，我国农业水资源目前短缺十分严重，然而其前景也并不是很乐观。

二、农业水资源前景预测

进入21世纪，我国水资源供需矛盾将进一步加剧。水利部日前发布的数据显示，2021年，全国31个省（自治区、直辖市）用水总量为5920.2亿立方米，完成了2021年控制在6400亿立方米以内的目标；万元国内生产总值用水量、万元工业增加值用水量比2020年分别下降5.8%和7.1%，均完成2021年下降3.4%的控制目标；农田灌溉水有效利用系数为0.568，比2020年提高0.003，完成了2021年度目标；重要江河湖泊水功能区水质达标率为88.4%。

然而，据有关资料统计，到2050年，全国将缺水6000亿—7000亿立方米。需要说明的是，新中国建立以来我国的供水量仅增加4000多亿立方米，到1997年全国总用水量达到5566亿立方米，而在此期间水资源开采利用较容易，难度较小；但如果在今后20余年使水资源供应量增加4000亿—4500亿立

方米，任务非常艰巨。

由此可见，21世纪我国农业水资源问题十分严重，节水任务非常艰巨，必须采取强有效的措施，走节水高效农业之路。

三、节水的对策和建议

（一）科学规划，合理布局

（1）农业节水中长期发展规划要纳入国民经济和社会发展的规划，并与各地的农业发展规划、水资源规划及生态环境建设规划等协调，并充分考虑我国加入WTO后农业种植结构调整对农业节水的需求。

（2）因地制宜、根据不同地区的自然经济条件、水资源状况、气候条件、农业生产经营方式、作物种类、经济发展水平等，确定不同地区、不同阶段的农业节水发展模式。

（3）以水资源优化配置和高效利用、有效保护为前提，统筹考虑地表水、地下水、土壤水、雨水、灌溉回归水及城市污水等开发与利用，实施以供定需方针，以水定产业结构，以水定经济布局，以水定发展速度和建设规模，统筹协调生产、生活和生态用水，做到量水而行。

（二）突出重点，稳步推进

（1）在地区和种植结构上，以大田作物和经济欠发达地区为重点，因为大田作物面积大，投入产出效益低，而我国农民收入低，农民难以自筹资金建设节水工程，所以国家要把此作为重点实施。

（2）在区域选择上，以中部为重点。根据十五届五中全会提出的我国未来农业发展的总体格局，东部地区重点发展出口创汇农业，西部地区发展特色农业，中部地区为我国主要农产品的商品生产基地。解决21世纪我国粮食安全问题，主要依靠中部作为节水高效农业建设的重点区域，尤其是华北和东北地区，耕地资源和光热资源丰富，但水资源严重短缺，发展农业节水是改善该地区水资源短缺、生态环境恶化的根本措施。

（3）在节水灌溉技术上，以改进地面灌溉技术为主，有条件的发展喷灌和微灌。目前我国地面灌溉面积占总灌溉面积的97%，而且在相当长时间内，地面灌溉仍将占主导地位。改进地面灌溉技术，减少田间深层渗漏及无效的棵间蒸发，能够大量节约用水，有效地提高灌溉用水的利用效率。

（三）加快农业节水法规建设

尽快制定《农业节水法》，将推广农业节水的原则和要求以法律的形式固定下来。一要明确各级政府和广大农民实施农业节水的责任和义务；二要明确大中型灌区的性质和法律地位；三要确立水费制定的原则和计收方法；四要明确农业节水管理体制及节约水资源转让等经济法律问题。

（四）合理调整水价，提高农民节水意识

我国目前农田灌溉用水的水价还不到实际成本的1/3。据有关部门统计，在水、种、肥农业生产投入三要素中，种子投入占27%，肥料投入占34%，用水投入只占7%～9%。在一些引河灌区，水费支出仅占亩均纯收入的2.1%。由于水价太低，导致农民不爱惜水，不舍得在购买节水灌溉设备上花钱，灌水灌溉单位收取的水费入不敷出，反而"鼓励"农民多用水，也使节水灌溉工程难以维修更新，节水效益日趋下降。国家应合理调整水价，提高农民节水意识。

四、结束语

水是一切生命的源泉，是人类生存和发展不可缺少、不可替代的自然资源。然而，随着我国经济的发展和人口的增加，水资源供需矛盾日益突出，尤其是农业水资源短缺更加严重。在简要分析了我国当前农业水资源的现状及存在的主要问题之后，重点阐述了节水的对策和建议——即提高节水意识，制定节水法规等，以期通过这些对策的实施，能够使有限的水资源发挥最大的效益；以水资源的可持续利用，为我国经济社会可持续发展提供强有力的支撑。

第二节 实施循环经济走可持续发展之路

2021年我国人均GDP 8.1万元,经济运行到了关键转折期。但在经济飞速发展的同时又面临着资源短缺、浪费严重、环境污染等问题。如何以较好的方式利用自然资源和环境容量,实现经济活动的生态化转向是急需解决的重大问题。文中对循环经济和可持续发展进行了简要的概述,分析了实施循环经济的意义,重点阐述了实施循环经济的对策和建议。

1996年,可持续发展正式列为我国发展战略。20多年来我国经济持续快速增长,但也出现了环境恶化,资源浪费严重的现象。党的十八大以来,以习近平同志为核心的党中央对发展循环经济作出一系列重要指示和要求。据不完全统计,习近平总书记先后五十多次谈及循环经济,对循环经济与经济社会发展的关系,循环发展对生态文明建设的作用,循环经济在国家重大战略、实现碳达峰碳中和、推动国际合作等领域如何发挥作用等进行了深刻阐述,并提出了明确要求和工作部署。

一、循环经济和可持续发展

(一)循环经济

"循环经济"一词,是由美国经济学家K.波尔丁在20世纪60年代提出的,是指在人、自然资源和科学技术的大系统内,在资源投入、企业生产、产品消费及其废弃的全过程中,把传统的依赖资源消耗的线形增长的经济,转变为依靠生态型资源循环来发展的经济。它是一种以资源的高效利用和循环利用为核心,以"减量化、再利用、资源化"为原则,以低消耗、低排放、高效率为基本特征,符合可持续发展理念的经济增长模式,是对"大量生产、大量消费、大量废弃"的传统增长模式的根本变革。

1. 循环经济与传统经济的区别

传统经济是一种由"资源—产品—污染排放"单向流动的线性经济,其特征是高开采、低利用、高排放；在这种经济中，人们高强度地把地球上的物质和能源提取出来，然后又把污染和废物大量地排放出去，对资源的利用是粗放的和一次性的，通过把资源持续不断地变成为废物来实现经济的数量增长。循环经济倡导的是一种与环境和谐的经济发展模式，它要求把经济活动组织成一个"资源—产品—再生资源"的反馈流程；其特征是低开采、高利用、低排放，所有的物质和能源要能在这个不断进行的经济循环中得到合理和持久的利用，以把经济活动对自然环境的影响降低到尽可能小的程度。

2. 循环经济的特点

循环经济以可持续发展理论和生态学规律为思想基础，运用科学理论作为指导，通过产业之间和企业之间的代谢和共生关系，形成封闭的循环产业链条，资源与产品之间是一种平等的相互派生、相互依存、相互支撑的关系。循环经济提倡将生产过程的污染物当作产品原料再合理利用，实现了资源节约和环境改善的目的；通过生态经济综合规划，设计社会经济活动，使不同企业之间形成共享资源和互换副产品的产业共生组合，使上游生产过程产生的废弃物成为下游生产过程的原材料，达到产业之间资源的最优化配置，使区域的物质和能源在经济循环中得到永续利用，从而实现产品清洁生产和资源可持续利用。同时，循环经济遵循以人为本的原则，以人的需要、人的利益、人的作用、人的全面发展为中心，通过资源的循环利用，解决具有"增长"特性的社会经济系统与具有"稳定"特性的生态系统之间的矛盾，使经济社会实现可持续发展，这种发展决不以损害人类自身健康为代价；通过清洁生产方式，控制有害原材料的使用；减少生产过程中的各种危险因素；减少污染物的生成和排放；采取战略性、综合性、预防性措施，降低经济活动对资源环境的过度使用及对人类所造成的负面影响。

3. 循环经济的"3R"法则

循环经济主要遵循三大原则：减量化（Reduce）、再使用（Reuse）、再循环（资源化）（Recycle），简称"3R"原则。

减量化原则：就是要减少进入生产和消费流程的物质量，又叫减物质化，并要努力预防废弃物的产生而不是产生后治理。在生产中，制造商要通过减少每一产品的物质使用量，重新设计产品和改进制造工艺来节约资源和减少排放。例如，轻型轿车既节省金属资源又节省能源；光缆能大量节约铜资源；而过度包装和一次性使用的物品产生大量的资源浪费和废弃物排放就不符合减量化原则，人们在消费中应减少对物品的过度需求。减量化可以减少对自然资源的压力，减少对垃圾处理的压力。

再使用原则：就是尽可能多次、多种方式使用物品，进行物品再利用，防止产生大量废弃物过早成为垃圾。例如，在设计和生产中采用标准尺寸使计算机、电视机和其他电子装置中的零部件能便捷地更换升级，而不必更换整个产品。应当重视和鼓励重新制造工业的发展，以便充分利用拆解、修理、组装用过的和破碎的东西。在生活中，人们把物品扔掉之前，应该想一想再利用它的可能性；并对垃圾分类，使物品返回市场体系再供使用。

再循环（资源化）原则：就是把物品返回到工厂，再加工之后再融入新的产品之中。资源化能够减少对垃圾填埋场和焚烧场的压力；制造成新产品耗用的资源和能源较少。资源化方式有两种：一是原级资源化，将消费者遗弃的废弃物资源化后形成与原来相同的产品，这是一种最合理的资源化，可以减少20%—90%的原生材料使用量；二是次级资源化，将废弃物变成不同类型的产品，减少原生物质使用量最多只有25%。与资源化过程相适应，应大力提倡消费者和生产者购买最大比例消费后再生资源制成的产品，使得循环经济的整个过程实现闭合。

（二）可持续发展

可持续发展是"既满足当代人的需求，又不对后代人满足其自身需求的能力构成危害的发展"，是使人口、社会、环境、资源达到协调平衡的发展战略。联合国大会于20世纪80年代提出了各国正确协调人口、资源、环境与经济间相互关系的共同发展战略。我国在1994年写入《中国21世纪议程》等纲领性文件，并成为制定国民经济和社会发展计划的指导思想。"可持续发展"是人类社会求得生存发展的唯一途径，是人类对发展认识深化的标志。它要求经济、人文、自然诸要素的整体协调发展，是人与自然和谐共存、人与社会共同发展的新型发展模式。这种发展模式具有以下含义。

（1）可持续发展的目标不只在于经济效益，而在于追求经济效益、社会效益、环境效益的一致性。因此，衡量可持续发展的指标必然是经济的、环境的、社会的三方面指标的统一，这三方面缺一不可。

（2）可持续发展的核心是可持续性，是以自然为基础，同环境承载能力相协调，通过适当的经济手段、技术措施和政府干预，减少自然资源的耗竭速率；要使自然资源开发、利用与保护并重，既要满足当代人的需求，又要满足未来发展的需要，整个发展不能以牺牲后人的利益来满足现代人的利益。

（3）可持续发展是以提高人们生活质量为目标，是以人和自然为本，立足现实与未来；并且注重包括道德、文化、心理、环境等各要素的协调统一。

二、实施循环经济，走可持续发展之路的意义

（一）实施循环经济，走可持续发展之路是经济持续发展的必然

2021年全年中国能源消费总量52.4亿吨标准煤，比上年增长5.2%。煤炭消费量增长4.6%，原油消费量增长4.1%，天然气消费量增长12.5%，电力消费量增长10.3%，生态环境的承受能力在一些地方已经远远超过了极限。因而大力发展循环经济已成为目前和今后我国经济社会发展的必然选择。

（二）实施循环经济，走可持续发展之路有利于造福子孙后代

长期以来，人们陷入资源是"取之不尽、用之不绝"的误区，以传统的"资源—产品—污染排放"单向流动的直线方式生产和消费，资源短缺越来越严重，甚至有些资源的短缺已经影响到了人类的正常生活。如我国不少地区大量引用地表水、超量开采地下水，导致工农业生产和生活用水困难。资源长期超量开采和恶性循环，对子孙后代的正常生存、生活构成了威胁。因此，我国实施循环经济，走可持续发展之路也是为子孙后代留下发展的条件和空间的需要。

三、实施循环经济,走可持续发展之路的对策和建议

(一)树立新观念

一要树立新系统观,按照人、自然资源、科学技术、环境等要素相互作用的大系统指导和组织生产、消费以及各种经济活动;二要树立新经济观,遵循生态学规律,经济运行要考虑环境承载能力,使生态系统平衡发展;三要树立新价值观,把自然视为人类赖以生存的基础,人与自然和谐相处;四要树立新生产观,尽可能地利用可再生、可替代、无公害资源,清洁生产,遵循"3R"原则;五要树立新消费观,提倡适度消费,注重废弃物的再使用和资源化,崇尚绿色消费。

(二)健全循环经济法律法规体系

为发展循环经济,国家制定出台了《清洁生产促进法》,但其实践操作性仍有待加强。缺乏相应配套的法律法规,就难以落实到实际的生产中去。法律法规的不完善不细化,直接影响政府部门的执行,进而制约循环经济的全面推行。因此,应进一步完善法律法规体系,在制定循环经济基本法的同时,可以根据产业、行业和产品的性质,制定相关细化的法律法规,如考虑制定《电子产品回收法》《绿色采购法》等。

(三)政府积极协调和加强政策引导,鼓励企业清洁生产

企业在生产过程中,也是环境资源的直接加工、利用者。如果企业掠夺式地消耗、利用资源,将直接导致资源浪费,甚至枯竭。因此政府要从相关政策上进行引导,如利用投资、贷款、税收、价格、奖励及建立排污交易市场等方式鼓励企业开展清洁生产,从而改变传统生产方式,减少大量废物的产生,有效地降低对社会环境的压力。着力发展可循环经济,企业应当从产品设计到生产工艺、包装等方面,从源头到中间过程到完成产品生产,乃至产品使用和回收等,努力实现清洁生产,达到经济效益和环境社会效益共赢。

（四）加强科技支撑体系

循环经济的发展是对传统落后生产方式的挑战。提倡清洁生产实现物质循环和废物最小化，包括节能、节材降耗，废弃物、废水回收重复利用等资源综合利用技术，以及治理污染、保护环境的技术和设备、设施，都离不开新技术的推广和应用。要大力加强科技界、产业界和政府部门在促进相关技术的创新研究和开发方面的协同工作，突破阻碍循环经济发展的技术制约，从而将经济社会活动对自然资源的需求和生态环境的影响降低到最低程度。

（五）大力倡导绿色消费

绿色消费能保障当代人的安全与健康和后代人的生存。消费者作为社会财富的直接使用者，要树立环保意识，积极使用环保、节能产品。作为政府部门，要完善绿色采购制度，积极使用达到环保要求的产品，拒绝采购未通过ISO9001质量管理体系认证和ISO14000环境管理体系认证的产品。对于普通公民，应该坚决杜绝使用如一次性筷子、不可降解的塑料袋、过度包装等一系列环保不达标产品，用具体的行动来支持绿色消费制度。

（六）普及和深入开展宣传教育

推进循环经济是涉及全社会的系统工程，具有长期性、复杂性、艰巨性。循环经济的发展，在我国还处于起步阶段，既要借鉴国外先进经验，又要依据本国实情，加强宣传教育，让每一个国民深感发展任务之艰巨，使公众了解什么是循环经济，认清楚发展循环经济的重要性和紧迫性，提高公众的资源环保意识和绿色消费意识，为社会发展贡献自己的力量，为发展循环经济创造良好的社会氛围。

四、结束语

人类生存和社会发展都离不开自然资源和生态环境资源，而全球资源却是有限的。我国是个资源消费大国，消费总量大，但人均消费水平很低；同时我国资源又十分短缺，环境污染严重，经济结构和产业结构还存在许多不合理的地方。因此，如何科学合理利用和使用资源，保障经济社会的可持续发展已成为政府、企业和公众的全社会必须面对的重大问题。本文阐述了循环经济和可持续发展的含义和意义，探讨了实施循环经济，走可持续发展之路的对策和建议，为建设创新型、节约型、环境友好型的和谐社会提供参考。

总结

"三农"问题是民生之根本，从中央到地方都把"三农"问题放在了一个极其重要的地位。在这一背景下，作者围绕乡村产业振兴、人才振兴、文化振兴、组织振兴、生态振兴提出新时代乡村振兴发展路径，具有重要的理论和实践意义。

附录一

建立"引智堂"

为使乡村治理更加科学、高效，乡镇、村可以按照需要建立"引智堂"，招纳乡镇、村有志之士，乡贤、政府部门工作的离退休人员、知名企业家、知名教师等加入"引智堂"，并定期召开会议，充分发挥他们的作用，为乡镇及村发展建言献策。

一、引智堂成员组成

在乡镇和村发展关心和关注的有志之士、乡贤、政府部门工作的离退休人员、知名企业家、知名教师等；

二、工作内容

（一）帮助提供有利于乡村振兴、有助于本乡镇和村发展的各类信息；

（二）引荐在本乡镇和村经济和社会发展中能发挥积极作用的各类人才和项目；

（三）提出有利于本乡镇和村发展的合理化建议和对策；

（四）参与村民自治章程、村规民约的制定。

附录二

成立"新时代文明实践中心"

为进一步学习宣传贯彻习近平新时代中国特色社会主义思想,用习近平总书记指导思想指导我们工作和学习,建议乡镇成立"新时代文明实践中心"。

一、讲习内容

习近平新时代中国特色社会主义思想、党的十九大、二十大报告、社会主义核心价值观、党和政府各项政策措施、各类法律法规、上级重要会议精神、党的惠民政策等。

二、主讲人员

乡镇政府部门工作人员、"引智堂"人员、专家讲师、包村干部等。

三、讲习途径

集中授课、观看影片、实践活动等。

四、相关要求

1. 讲习活动要求每年不少于2次,具体时间根据实际情况确定。

2. 乡镇相关负责人要加强宣传,并发动、组织、引导广大党员干部积极参加讲习活动,因特殊情况不能参加的,必须请假和说明原因,并及时补课。

3. 做好讲习所各类资料的收集、分类、整理、归档工作。

附录三

村规民约

为推进基层民主法治建设和加快实现"自我管理、自我教育、自我约束、自我监督"的村民自治目标,特制定《村规民约》:

一、做"有爱"之人。爱党、爱国、爱人民、爱家乡、爱集体、爱村民,为建设美丽新农村做出应用的贡献。

二、做"懂法"之士。学法、知法、尊法、守法、用法,自觉维护法律尊严,坚决同违法犯罪行为作斗争。

三、乘"和谐"之美。家庭和睦,邻里和善,待人和气,不打架、不斗殴,以理服人。

四、做"诚信"之人。真诚待人,以德取信,不搞虚假经营。

五、做"时代新人"。传递社会正能量,不搞封建迷信,红白事不大操大办,不铺张浪费。

六、做"文明达人"。说文明话、办文明事、做文明人、抵制不文明行为。

七、讲美德。尊老爱幼,尊师重教,扶弱济困,团结互助,乐于助人。

八、讲平等。男女老少、家里家外、左邻右舍、干部群众一律平等。

九、讲公德。培养"主人翁"意识,遵守规章制度,爱护公共财物,保护环境,讲究卫生。

十、讲传承。尊敬长辈,赡养老人,抚养子女,教育后代。

十一、不脱离党的领导,不脱离群众,不造谣惑众、搬弄是非、破坏团结稳定。

十二、不参与任何违法活动,不酗酒闹事、打架斗殴、扰乱社会秩序。

十三、不损坏公共财产设施,不污染破坏环境。

十四、不做有损对形象和对不起组织、集体、家庭和村民的任何事。

十五、禁止存放易燃易点物品和燃放烟花爆竹,禁止乱搭乱建、私接

· 147 ·

水电。

十六、禁止车辆乱停乱放，禁止小区内乱占乱植乱种、乱贴乱写乱画，禁止公共区域晾晒衣物、堆放杂物。

十七、禁止随地吐痰、随地大小便，禁止放任宠物污染环境。

十八、自觉参加集体公益活动。

十九、自觉服兵役，自觉拥军优属、扶贫济困、助残行善。

二十、自觉维护村集体和村民利益。

二十一、自觉弘扬正气、抵制歪风。

附录四

党员公约

发挥党员的模范带头作用：

一、思想上要始终同党中央保持高度一致，坚决拥护中国共产党的领导，认真贯彻落实党的路线方针政策，坚定"四个自信"，增强"四个意识"，做到"两个维护"。

二、以一名党员标准严格要求自己，遵纪守法，廉洁自律。

三、听党指挥，服从安排，与党组织同心、同力、同行。

四、按时交纳党费，自觉参加主题党日活动，自觉带头发挥党员作用，积极为乡村振兴建言献策。

五、自觉遵守村规民约，带头履行义务，抵制不良习气，维护村容整洁和社会秩序，敢与不良风气做斗争。

六、不拉帮结派，不搞家族势力，不组织、煽动、参与上访等一切有违党性原则的活动，时时严于律己，处处以身作则。

附录五

红白理事会章程

第一部分　章程细则

第一条　为弘扬和践行社会主义核心价值观，倡导文明乡风，传递正能量，杜绝婚丧嫁娶铺张浪费，封建迷信等不良风气，做到红事、白事简办。

第二条　红白理事会是在村党支部领导下的群众性自治组织，依章程开展管理、宣传、监督和服务。

第三条　红白理事会章程是全面提升新农村文化建设的重要支撑，通过加强红白理事会建设，教育广大群众在婚丧嫁娶中提倡节俭、杜绝浪费。

第四条　红白理事会由9人组成，其中：理事长1名（由村委会主任兼任），常务副理事长1名，副理事长2名，理事5名。红白理事会成员由"两委"会提名，村民代表大会表决。

第五条　红白理事会理事中设专人负责与群众就婚丧嫁娶等相关事宜，进行沟通协调并负责监督落实。

第六条　理事会要积极向村民宣传党的方针、政策，引导群众树立正确的节俭观、文明观，教育广大村民树立"节俭光荣、浪费可耻"的观念。要以宣传引导为主，坚决杜绝采用暴力强制手段，引起并激化矛盾。

第七条　理事会是公益性组织，坚决杜绝以盈利为目的，杜绝以为本村村民服务为借口开展盈利性收入，要切实践行全心全意为村民服务、为弘扬和传递社会正能量为宗旨。

第八条　理事会实行理事长负责，理事和事主讨论，共议共决的方式进行，在充分尊重事主意见的前提下，本着红事、白事简办的原则依照本章程组织实施。

第九条　红白理事会章程要求党员干部带头执行，并作为考查党员干部其中的一条标准。

第二部分　婚事申报程序和标准

第十条　村民办理婚嫁等事宜,要提前7日向理事会报备,在充分尊重事主意见的基础上,理事会依照本章程对其进行全程监督和服务。

第十一条　指导标准

(一)每桌制定详细的标准,要求:饭菜每桌不得超过400元,每桌不得超过2瓶酒、2盒烟。招待用烟每盒不得超过20元,酒每瓶不得超过60元。

(二)禁止村民之间随礼,提倡村亲随礼不得超过200元。

(三)提倡婚车总数控制在6辆以内,严禁使用豪华车辆。

(四)禁止燃放烟花爆竹。

(五)禁止女方向男方索要高额彩礼,提倡不要彩礼。

第十二条　凡严格执行婚事申报程序和标准的村民,有条件的村委会免费提供6辆婚车或电子礼炮。

第三部分　丧事申报程序和标准

第十三条　村民办理丧葬事宜要及时向理事会报备,在充分尊重事主意见的基础上,理事会依照相关规定为其提供全程监督和服务。

第十四条　指导标准

(一)禁止请娱乐班、搭台唱戏等活动;除出殡外,禁止在室外播放哀乐。出殡当天,哀乐播放时间为早上7点到下午3点,其他时间禁止播放;提倡佩戴黑纱白花。

(二)白事饭菜每桌不得超过300元,每桌不超过2瓶酒、2盒烟。事主招待用烟每盒不得超过10元,酒每瓶不得超过30元。

(三)禁止村民之间随礼,村亲随礼不得超过100元。

(四)禁止燃放烟花爆竹。

(五)提倡火葬处理,火葬处理严禁二次装棺,不得占用大棺材入土。

(六)引导村民执行国家的丧葬政策,鼓励丧事和三周年纪念活动一并办理。三周年参照上述标准执行。

第十五条　凡严格执行丧事申报程序和标准的村民,有条件的村委会免费提供电子礼炮和10桌饭菜,若丧事和三周年纪念活动一次性办理的,村委会再额外免费提供 5 桌饭菜。凡在本章程运行前已经办理丧事但未办理三周年的，如严格执行丧事申报程序和标准的村民，村委会将免费提供 5 桌饭菜和一束鲜花。

第十六条　对于采取火葬处理的，由事主向理事会提供火葬证明，并经村委会审查，有条件的村委会给予相应的现金奖励。

第十七条　全体党员、村民代表、各企业负责人办理红白事，招待桌数不得超过 15 桌，且严禁超过上述规定标准。

第十八条　户籍在本村的村民如违反上述规定的，取消当年福利待遇。

第四部分　满月宴要求

第十九条　提倡做满月不大操大办，严禁村民之间随礼，村亲随礼不超过 200 元；禁止暖房宴请、收礼等。

第五部分　附则

第二十一条　本章程内涉及的奖励、补助、物资购买资金列入年度预算，经民主决策程序确定。

第二十二条　本章程由红白理事会负责解释，章程内未尽事宜，由理事会及时报请村"两委"会研究决定。

第二十三条　本章程由村民大会或村民代表大会表决通过后施行。

附录六

居民条约

一、热爱祖国、热爱中国共产党、热爱人民。

二、坚决贯彻执行党的路线、方针、政策，严格遵守宪法、法律、法规。

三、认真学习并自觉遵守《村民自治章程》《居民条约》及相关管理制度，履行村民职责，践行居民义务。

四、遵守社会公德，抵制不良风气，敢与不良风气做斗争。

五、崇尚科学，传递正能量，抵制封建迷信。

六、勤学习，讲文明，讲卫生，树新风，团结、友爱、互助、奉献。

附录七

关于优秀传统文化传承的调查问卷

1. 您的性别 [单选题] *

○男

○女

2. 请问您的年龄是 [单选题] *

○ 18—35 岁

○ 36—60 岁

○ 60 岁以上

3. 您知道的中华优秀传统文化有哪些 [填空题] *

_____

_____

4. 您喜欢的美食是 [单选题] *

○中华传统美食

○汉堡可乐

○日式料理

5. 您更喜欢过的"情人节"是 [单选题] *

○ 2 月 14 日

○中国的"七夕"

6. 您是否喜欢过"洋节" [单选题] *

○非常喜欢

○喜欢

○一般

○不喜欢

7. 您认为中华民族优秀传统文化传承的必要性 [单选题] *

○非常有必要

○有必要

○无所谓

○没必要

8. 您是否愿意将中华民族优秀传统文化传承 [单选题] *

○非常愿意

○愿意

○还可以吧

○不愿意

附录八

关于村民德治情况的调查问卷

1. 您的性别 [单选题] *

○男

○女

2. 请问您的年龄是 [单选题] *

○ 18—35 岁

○ 36—60 岁

○ 60 岁以上

3. 您的学历是？[单选题] *

○初中及以下

○高中 / 中专

○大专

○本科及以上

4. 您的政治面貌 [单选题] *

○中共党员

○共青团员

○民主党派

○群众

5. 您认为目前乡村道德水平和 10 年前相比？[单选题] *

○提高了很多

○提高了一点

○没有变化

○降了一点

○降了很多

○说不清

6. 您认为乡村中道德问题最严重的领域是？[单选题]*

○经济道德（如农业生产造假、买卖不诚信等）

○家庭道德（孝敬父母、夫妻相处好、邻里相处不好等）

○政治道德（乡村干部的官德、党员作风）

○社会公共道德（如破坏村里公共设施等）

○生态道德（农村保护环境）

7. 您认为乡村振兴过程中有必要开展德治工作吗？[单选题]*

○十分有必要

○有必要

○没必要

○无所谓

8. 选出您认为家庭伦理道德中最重要的三个选项。[多选题]*

□关爱老人

□孝敬父母

□团结兄弟姐妹

□家庭和谐

□邻里互助

□关心教育后代

9. 对于村里的公共事务或集体活动您会？[单选题]*

○积极参与

○参与部分

○偶尔参与

○从不参与

10. 您对您所在村的村干部道德状况的总体评价如何？[单选题]*

○非常好

○好

○一般

○不好

○说不清

11. 您认为乡村基层干部存在最大问题是什么？[多选题]*

○以权谋私

○腐败贪污

○做表面功夫，不做实事

○维持现状，没有作为

○说不清

12. 假如为了村的发展，引入企业或工厂会造成一定污染，您的态度是？[单选题]*

○无论如何，坚决反对

○考虑有经济收益，可以容忍

○说不清

○事不关己，无所谓

13. 您平时都是怎么处理生活垃圾的？[单选题]*

○随便扔了

○自己集中一个地方，焚烧后作为农家肥

○投放到家附近或者村部的垃圾池中

○视情况而定，没有固定习惯

14. 当村集体利益和个人利益发生冲突时，您会怎么选择？[单选题]*

○只考虑个人利益

○先考虑个人利益，再考虑村集体利益

○先考虑村集体利益，再考虑个人利益

○无条件服从村集体利益

○说不清

15. 您认为村里评选道德模范重要吗？[单选题]*

○非常重要

○重要

○不重要

○认为没有必要和意义

附录九

关于村民自治情况的调查问卷

1. 您的性别：[单选题] *

○ 男

○ 女

2. 请问您的年龄是 [单选题] *

○ 18—35 岁

○ 36—60 岁

○ 60 岁以上

3. 您的学历是？[单选题] *

○ 初中及以下

○ 高中/中专

○ 大专

○ 本科及以上

4. 您是否为村委会成员 [单选题] *

○ 是

○ 否

5. 在村民选举时，你与您的家人是怎样参与的？[单选题] *

○ 自己代表全家人去

○ 全家选民都去

○ 让家里的长辈去

○ 让亲友代去

6. 你是否知道村里的会议及相关政策？[单选题] *

○ 知道

○ 不知道

7. 您所在村采用哪些方式公布重大事项？[多选题]*

□召开村民大会

□召开村民代表大会

□村务公开栏公布

□大喇叭广播

8. 你是否有主动了解过村民委员会及基本情况？[单选题]*

○有

○没有

9. 你有没有参与到村里举办的会议及活动？[单选题]*

○经常参与

○偶尔参与

○极少参与

○从不参与

10. 在村民大会或者村民代表大会上您是否建言献策过？[单选题]*

○是

○否

11. 村里关于村民自治是否有专门人员监督？[单选题]*

○有

○没有

○不知道

12. 该村有没有对村民开展过村民自治学习活动？[单选题]*

○有

○没有

13. 你认为村务公开对村民重要吗？[单选题]*

○非常重要

○比较重要

○一般

○不重要

14. 你目前对村民自治的总体情况的评价是 [单选题]*

○很满意

○比较满意

○一般

○不满意

○很不满意

15. 您对乡村振兴战略有了解吗？[单选题]*

○很了解

○比较了解

○了解一些

○不了解

16. 您认为村委会办事公开透明吗？[单选题]*

○很好，做到了公开透明

○一般

○很差

○不清楚

17. 您觉得抑制村民参加乡村治理的因素有哪些？[多选题]*

□村民自身的受教育程度不高

□村民本身没有参加乡村治理的意愿

□宣传力度不够

□认为政策离自己太远，不是自己能决定的

□不了解参与乡村治理的途径

18. 为提高村民参与乡村治理的积极性，您认为有哪些可行的建议？[填空题]*

_____

附录十

关于农村法治建设的问卷调查

1. 您的性别 [单选题] *

○男

○女

2. 您的年龄 [填空题] *

○ 18—35 岁

○ 36—60 岁

○ 60 岁以上

3. 您认为法律对您生活重要吗？[单选题] *

○非常重要，有麻烦会优先考虑法律途径

○比较重要，必要时会运用法律途径维权

○一般而已，无奈到最后才会选择法律途径

○毫无关联，任何时候都不选择法律途径

4. 您了解"权利"与"义务"吗？[单选题] *

○了解

○了解一点

○不了解

5. 您获得法律知识的主要途径是哪些？[多选题] *

□电影、电视剧、小说等

□网络媒体、电视台法制节目

□法律专业图书、法律条文

□他人谈及

6. 你觉得法律是否能维护您的切身利益？[单选题] *

○能，我相信法律的权威

○看情况，碰见权钱阶层，法律毫无用处

○法律只是个形式，根本保护不了

○其他 _____

7.您的合法权益受到侵犯时您会怎么办？[多选题] *

□通过法律维护权益

□到村"两委"寻求帮助

□上访

□默不作声的忍耐

8. 您身边的普法活动有哪些？[多选题] *

□农村社区普法宣传

□媒体普法节目

□普法办"普法活动

□邻里亲朋的谈话

□手机电视的传播

9. 村里组织的普法活动您参与过吗？[单选题] *

○积极参加

○很少参加

○不参加

10. 您所在村里有乡规民约吗？[单选题] *

○有

○没有

○不了解

11. 您所在村的乡规民约的执行情况怎么样？[单选题]*

○完全遵守

○大多会遵守

○不遵守

○村里没有村规民约

12. 您觉得村里的乡规民约与法律法规是否协调？[单选题]*

○协调

○大部分协调

○大部分不协调

○不知道

13. 遇到纠纷时，乡规民约和法律法规，您会选择哪一个？[单选题]*

○倾向于乡规民约

○倾向于法律法规

○不好说，依具体情况而定

14. 您所在村里有新乡贤（如企业家、退休老干部、选调生等）回村治理、为乡村发展服务的吗？[单选题]*

○有

○没有

○不了解

15. 您是否同意乡贤参与农村基层治理？[单选题]*

○非常同意

○比较同意

○一般同意

○不大同意

○不同意

16. 您所在村有哪些民间社会组织？[多选题]*

□宗教组织

□家族祠堂组织

□商业企业金融等组织

□科教文卫组织

17. 在重大决策时，村"两委"是否会征求村民的意见？[单选题]*

○会广泛征求村民意见

○很少征求村民意见

○不会征求村民意见

18. 您是否会参与村里组织的征求群众意见的会议？[单选题] *

○会积极参与

○很少去参与

○不会参与

○视情况而定

附录十一

关于农村老人养老问题的调查问卷

1. 您家中有多少位老人？［单选题］*

○ 2 位以下

○ 2—4 位

○ 4 位以上

2. 您家中老人大多数所处的年龄段是？［单选题］*

○ 60—70 岁

○ 70—80 岁

○ 80 岁以上

3. 您家中的老人是否独居／留守？［单选题］*

○是（请跳至第 4 题）

○否（请跳至第 5 题）

4. 为什么选择让老人独居／留守？［单选题］*

○工作原因

○生活原因

○老年人自己的意愿

○其他

5. 家里的老人（父母／爷爷奶奶）选择的养老方式是什么？［单选题］*

○外出旅游

○老年公寓、养老院

○其他

6. 家里是否有老人选择住进养老机构？［单选题］*

○是（请跳至第 7 题）

○否（请跳至第 8 题）

7. 自家老人选择住进养老机构的原因？[多选题] *

☐生活便利

☐子女建议

☐自己意向

☐养老机构条件很优越

☐养老机构比较廉价划算

☐老人自己活动不便

☐其他

8. 自家老人选择不住进养老机构的原因？[多选题] *

☐养老机构生活不便利

☐子女不同意

☐老人自己不愿意

☐养老机构条件简陋

☐养老机构比较昂贵

☐其他

9. 自己年老之后是否有意向住进养老机构？[单选题]*

○是（请跳至第 10 题）

○否（请跳至第 11 题）

10. 自己年老之后愿意住进养老机构的原因？[多选题]*

☐生活便利

☐养老机构条件很优越

☐养老机构比较廉价划算

☐符合自己养老理念

☐其他

11. 自己年老之后不愿意住进养老机构的原因？[多选题] *

☐养老机构生活不便利

☐与自己养老理念不符

☐养老机构条件简陋

□养老机构比较昂贵

□其他

12. 您认为现在养老院存在的问题是什么？[多选题] *

□养老院床位紧张

□经营理念陈旧，管理制度有待提高老年人相处摩擦

□老人生病不能及时就医设施环境简陋

□服务素质不够高、服务不专业养老院收费高其他

13. 您认为养老院应该提供哪些服务？[多选题] *

□医疗会诊

□娱乐活动

□康体锻炼

□心理护理（聊天解闷，心理开导）

□学习培训

□集体旅游

□其他

14. 您对政府在为老人提供适当的生活保障工作方面的表现是否满意呢？[单选题] *

○非常满意

○满意

○一般

○不满意

○非常不满意

15. 您对新型养老（医养结合养老，旅居养老，智能养老）了解多少？[单选题] *

○很清楚

○知道一点

○不太了解

○从没听说过

○不是很清楚

16. 您认为以下哪种因素对于医养结合这种养老模式来说比较重要？[多选题] *

☐配套设施

☐医疗保健

☐食宿条件

☐娱乐环境

☐护理服务

☐收费

☐纳入医保体系

☐其他

17. 您是否提倡父母与子女同住 [单选题] *

○是

○否

18. 您家中老人的生活费来源 [多选题] *

☐子女赡养

☐劳务所得（务农、务工）

☐退休金（社会养老保险金）

☐政府或社会资助

☐积蓄

☐其他 _____

19. 您对农村养老保险知道多少 [单选题] *

○非常抵触

○乐观但有顾虑

○乐观

20. 您认为政府在养老问题上还需做哪些努力 [多选题] *

☐不断完善养老制度

☐拓展养老服务投融资渠道

□扩大养老服务就业创业

□加快养老服务基础设施建设

□其他

21. 您认为老人不能很好地被赡养的原因是 [多选题]*

□子女的经济负担太重

□年轻人与老人的思想生活习惯的矛盾

□子女没有赡养老人的意识

□其他 _____

附录十二

关于农村留守儿童教育问题的调查问卷

1. 您的年龄 [单选题] *

○ 0—18 岁

○ 18—25 岁

○ 25—35 岁

○ 35 岁及以上

2. 您的性别 [单选题] *

○ 男

○ 女

3. 家庭主要收入来源 [单选题] *

○ 农业

○ 经商

○ 外出打工

○ 其他 ＿＿＿＿＿＿＿

4. 监护人类别 [单选题] *

○ 父母直接监管

○ 爷爷奶奶或者其他监护人

○ 独立生活

○ 其他 ＿＿＿＿＿＿＿

5. 您对农村留守儿童教育问题了解多少？[单选题] *

○ 非常了解

○ 一般了解

○ 很少了解

○ 不了解

6. 你父母在外时与你主要的联系方式是什么？[多选题] *

□打电话

□微信视频

□监控

□其他 _____

7. 监护人与老师之间主动联系的频率 [单选题] *

○经常联系

○很少联系

○从不联系

8. 你觉得父母外出打工对孩子成长教育的影响 [单选题] *

○影响很大

○影响一般

○影响很小

○没有影响

9. 就你的经历来说，学校有没有开设针对留守儿童的心理辅导课程？[单选题] *

○有

○没有

10. 根据你自己的经历或了解，留守儿童课后的活动有哪些？[多选题] *

□看书

□在家看电视

□在家玩手机

□找朋友玩

□其他 _____

11. 你认为留守儿童教育问题产生的原因是什么？[多选题] *

□家庭教育的缺失

□学校管理的失控与教育的失误

□城乡长期"二元分割"的结果

12. 你觉得留守儿童在学习上所遇到最大的困难是什么？[多选题]*
□教育设施与教育水平的落后
□缺少家庭教育
□自身缺乏约束能力
□学费昂贵
□其他 _____

13. 你经常在哪里看到农村留守儿童教育问题的相关信息 [多选题]*
□新闻
□书本
□其他 _____

14. 父母不在身边对你的影响是什么？[多选题]*
□内心孤独自卑
□生活没有人照顾
□学习没有人监管
□其他 _____

15. 你和在外务工的父母联系时，他们最关心你的哪一方面的情况？[多选题]*
□日常生活
□身体状况
□学习情况
□交友情况
□其他 _____

16. 你认为农村留守儿童哪方面需要被重视？[多选题]*
□心理健康
□教育问题
□行为习惯
□社会关爱
□其他 _____

17. 你对农村留守儿童的印象是什么？[多选题] *

□ 比起同龄人，由于经济、父母工作等关系，受教育程度较差

□ 由于缺乏父母的关怀，内心孤独

□ 其他 _____

18. 你认为"双减"政策会对农村留守儿童产生什么影响？[填空题]

    _____

19. 你认为农村留守儿童最需要的是什么？[填空题]

    _____

20. 你觉得在你的学习生活中最需要获得什么帮助？[填空题]

    _____

附录十三

农民工就业与技能培训情况调查问卷

1. 您的性别 [单选题] *
○男
○女

2. 您的年龄 [单选题] *
○ 20 岁以下
○ 20—30 岁
○ 30—40 岁
○ 40—50 岁
○ 50—60 岁
○ 60 岁以上

3. 你户籍所在区县 [填空题] *

_____

4. 目前，你的就业状态 [单选题] *
如果选择 A、B，请从第 6 题以后开始作答；如果选择 C，请回答第 5 题
○签订合同形式就业（打工）
○自主创业
○未就业

5. 目前，你未就业的原因主要是 [单选题] *
○正在求职过程中
○准备公务员、事业单位考试
○确定就业意向，正准备签协议
○准备创业
○暂时不想就业

○学历与招聘企业薪资不匹配

○技能与招聘企业薪资不匹配

○工作强度与招聘企业薪资不匹配

○招聘企业缺少对员工的职业规划

○居住地离招聘企业太远

○其他 _____

依赖于第 4 题第 3 个选项

6. 你求职成功的路径 [单选题] *

○参加政府组织的招聘会

○直接向用人单位申请

○专业化的招聘求职网站 /APP

○朋友、亲友推荐

○专业导师推荐

○网络上、政府发布的就业信息

○其他 _____

依赖于第 4 题第 1；2 个选项

7. 目前，你就业的地点 [单选题] *

○本地

○非本地——省外 （　　　）省（　　　）市

○非本地——省内 （　　　）省（　　　）市（除本地以外）

依赖于第 4 题第 1 个选项

8. 你愿意留在本地务工的原因 [单选题] *

○本地政策扶持力度大

○对当前本地务工收入满意

○因疫情原因不愿意外出就业

○方便照顾家庭

○其他 _____

依赖于第4题第1；2个选项，第7题第1个选项

9. 您不愿继续留在本地务工的原因 [单选题] *

○收入和期望薪资不匹配

○外出打工工资待遇远高于本地

○外出打工能有更多可选择的岗位

○外出打工工作条件好于本地

○其他 _____

依赖于第7题第2；3个选项，第4题第1；2个选项

10. 您现在从事的行业（ ）[单选题] *

○农、林、牧、渔业

○制造业

○电力、热力、燃气及水的生产和供应业

○建筑业

○批发和零售业

○交通运输、仓储和邮政业

○住宿和餐饮业

○居民服务、修理和其他服务业

○金融业

○房地产业

○其他 _____

依赖于第4题第1；2个选项

11. 你现在从事的职业是什么 [单选题] *

○卫生专业技术人员

○商业和服务业人员

○其他专业技术人员

○生产和运输设备操作人员

○工程技术人员

○经济业务人员

○办事人员和有关人员

○金融业务人员

○教学人员

○其他人员

依赖于第 4 题第 1；2 个选项

12. 您就业的单位类型 [单选题] *

○国有企业

○三资企业

○其他企业

○医疗卫生单位

○其他事业单位

○机关

○中初教育单位

○城镇社区

○部队

○高等教育单位

○农村建制村

○科研设计单位

○其他

依赖于第 4 题第 1 个选项

13. 您目前的创业现状 [单选题] *

○ A. 尚处在筹备阶段

○ B. 运转良好，有序

○ C. 存在一些问题，但在可控范围内

依赖于第 4 题第 2 个选项

14. 您创业的形式 [单选题] *

○团队创业

○网络创业

○加盟创业

○概念创业

○其他形式 _____

依赖于第 4 题第 2 个选项

15. 您创业的资金来源 [多选题] *

□个人赚取

□家人及亲朋好友的支持

□其他途径

□银行及金融机构贷款

□风险投资

依赖于第 4 题第 2 个选项

16. 您创业准备过程中遇到的困难主要有 [多选题]*

□资金筹备

□产品、服务的营销推广

□办公场所、设备等软硬件环境的准备

□创业团队组建

□创业项目选取

□产品、服务的开发

□企业创办相关审批手续等

□其他 _____

依赖于第 4 题第 2 个选项

17. 您认为创业的主要影响因素有 [多选题]*

□人脉

□经验

□资金

□市场资源

□团队

□项目或技术

□创业者素质

□政策支持

□专家指导

□其他

依赖于第4题第2个选项

18. 您现在的收入 [单选题] *

○ 2000 元以下

○ 2000—3000 元

○ 3000—4000 元

○ 4000—5000 元

○ 5000 元以上

依赖于第4题第1；2个选项

19. 你是否参加过职业技能培训？[单选题] *

○ 是

○ 否

20. 你是否参加过就业创业培训？[单选题] *

○ 是

○ 否

21. 您每年累计接受多长时间的职业技能培训 [单选题] *

○ 没有培训

○ 少于一周

○ 一周到两周

○ 两周以上

22. 近 2 年，你参加过的职业技能培训次数 [单选题] *

○ 没有参加过

○ 1—2 次

○ 3—5 次

○ 5 次以上

23. 您参加过哪些职业技能培训？ [多选题]*

☐入职前的短期培训

☐获取文凭的学历教育

☐工作过程中的职业技能提升培训

☐提高职业素养的培训

☐没参加过

24. 您接受职业教育培训的主要途径是 [多选题]*

☐接受当地政府组织的职业技能培训

☐参加正规的学历教育网络学习

☐参加单位提供的职业培训

☐阅读书籍、报刊等

☐其他

25. 你对参加过的职业技能培训的满意度 [单选题]*

○非常满意

○满意

○一般

○不满意

26. 你参加职业技能培训后，培训主办方有没有针对此次培训效果进行反馈（通过问卷等形式）[单选题]*

○有

○没有

27. 参加职业技能培训后，你的收获程度 [单选题]*

○收获很大

○收获较大

○有一些收获

○收获很小

28. 通过参加职业技能培训后，对你就业（找工作、应聘）[单选题]*

○帮助很大

○帮助较大
○有一些帮助
○没有什么帮助

附录十四

乡村振兴背景下农民参与新型职业农民培训意愿调查问卷

1. 您的性别 [单选题] *
○男
○女

2. 您的年龄 [单选题] *
○ 30 岁以下
○ 30—40 岁
○ 40—50 岁
○ 50—60 岁
○ 60 岁以上

3. 您的学历 [单选题] *
○小学以下
○小学
○初中
○高中
○中专、技校、职高
○大专及以上

4. 您平时是否会主动学习农业知识 [单选题] *
○经常
○偶尔
○没有

5. 您目前的职业是 [单选题] *
○普通农户
○种植大户

○ 养殖大户

○ 农民专业合作社带头人

○ 家庭农场主

○ 其他

6. 您的家庭常住人口数 [单选题] *

○ 1人

○ 2人

○ 3人

○ 4人

○ 5人

○ 5人以上

7. 您家庭从事农业的人数 [单选题] *

○ 1人

○ 2人

○ 3人

○ 4人

○ 5人

○ 5人以上

8. 您家庭的耕地数目 [单选题] *

○ 10 亩以下

○ 10—20 亩

○ 21—40 亩

○ 41—60 亩

○ 61—80 亩

○ 81—100 亩

○ 100 亩以上

9. 您家庭的每月总收入 [单选题] *

○ 3000 元以下

○ 3000—5000 元

○ 5000—7000 元

○ 7000—9000 元

○ 9000—11000 元

○ 11000 元以上

10. 如果举办新型职业农民培训，您是否愿意参加 [单选题] *

○愿意

○不愿意

11. 您愿意参加新型职业农民培训的原因是什么 [多选题] *

□学习农业生产和经营管理的知识

□学习农业生产相关技能

□了解更多政策、法律法规

□了解更多市场营销知识

□获取新型职业农民证书

□增加个人收入

□其他

依赖于第 11 题第 1 个选项

12. 您不愿意参加新型职业农民培训的原因是什么 [多选题] *

□自己没有时间，家里农活比较多

□对培训内容不了解，认为培训的没有用处

□不知道什么时候有培训

□培训时间太长

□培训地点太远

□自己家里耕地数目太少，觉得参加培训太麻烦

□培训内容无法满足自己的需求

□年龄比较大，自己记忆力不好，学东西也记不住

□觉得自己不需要参加培训，自己靠经验也可以

□其他原因

依赖于第 11 题第 2 个选项

13. 您对新型职业农民内涵是否了解？[单选题]*

○非常了解

○了解一些

○了解较少

○没有听过

14 您对新型职业农民培训的相关政策是否了解？[单选题]*

○非常了解

○了解一些

○了解较少

○没有听过

15. 如果您了解新型职业农民培训的相关政策，那么您是通过什么渠道了解到的？[多选题]*

□报纸

□电视广播

□村委会宣传

□身边朋友

□手机网络

□其他

依赖于第 15 题第 1；2；3 个选项

16. 您是否有过新型职业农民培训的经历？[单选题]*

○有

○没有

17. 您参加过几次新型职业农民培训？[单选题]*

○1 次

○2 次

○3 次

○4 次

○ 4 次以上

依赖于第 17 题第 1 个选项

18. 您参加过的新型职业农民培训内容是哪一类？[多选题]*

☐ 涉农技术类

☐ 非农技能类

☐ 农业农村政策法规类

☐ 现代农业理论知识类

☐ 现代农业经营管理知识类

☐ 市场营销知识类

☐ 文化素质教育类

☐ 创业和融资贷款知识类

☐ 其他

依赖于第 17 题第 1 个选项

19. 您对参加过的新型职业农民培训是否满意？[单选题]*

○ 非常满意

○ 比较满意

○ 不太满意

○ 很不满意

依赖于第 17 题第 1 个选项

20. 您认为不满意的原因是什么 [多选题]*

☐ 培训内容听完没效果

☐ 培训时间安排不合理

☐ 培训地点太远，来回太折腾

☐ 培训费用过高，自身无法承担

☐ 培训方式过于单一

☐ 培训师资力量单薄

☐ 其他原因

依赖于第 20 题第 3；4 个选项

21. 您期望获取新型职业农民培训信息的途径？[多选题]*

□电视广播

□报纸宣传

□村委会干部

□乡镇政府

□亲戚朋友

□培训机构

□其他途径

22. 您期望的新型职业农民培训费用由谁承担？[单选题]*

○政府全部承担

○社会力量支援

○自己承担部分，政府给予补贴

○自己全部承担

23. 您期望新型职业农民理论培训的内容是 [多选题]*

□现代农业理论知识

□现代农业经营管理知识

□农业农村政策法规知识

□融资贷款知识

□市场及网络营销知识

□职业综合素质

□科学文化教育

□自主创业知识

□国内外农业生产先进经验

□其他

24. 您期望新型职业农民技术培训的内容是 [多选题]*

□种植栽培技术（果树，玉米，土豆等农作物）

□畜牧养殖技术

□农产品深加工与储藏技术

□畜禽、果树及农作物的病虫害防治技术

□现代化农业机械操作与维护技术

□网络信息技术

□非农技术

□其他技术

25. 您期望的培训方式 [多选题] *

□线下课堂集中授课

□村里田间地头培训

□专门农业实践基地培训

□电视、广播及网络视频线上授课

□一对一线下指导培训

□观看教材自学

□其他

26. 您期望的培训地点 [单选题] *

○本村

○本乡镇

○本县城

○本省市

○其他

27. 您期望的培训时间 [单选题] *

○ 3 天以下

○ 3—6 天

○ 6—9 天

○ 9—12 天

○ 12 天以上

28. 您期望的培训师资 [多选题] *

□高校、科研所教授、专家

□专业培训院校的讲师

□市县、乡镇涉农部门的专业技术人员

□农业生产示范户

□乡村种植能手

□农业企业家

□其他

29. 您认为新型职业农民培训存在什么问题，这些问题该怎么解决 [填空题]

_____

30. 您会向身边的亲戚、朋友介绍你所知道的新型职业农民培训的相关事宜吗 [填空题]

_____

附录十五

关于节水高效农业和循环经济的调查问卷

为了研究节水高效农业和循环经济情况,并就进一步发展提供切实可行的意见和建议,我们组织了此次问卷调查活动。您的意见和建议对我们非常重要,希望得到您的支持和协助。本次调查仅作为学术研究的一部分,不作他用,您只需根据自己的实际情况,在几个选项中选择合适的选项打钩(分为单选题和多选题),或者在_____中填写。

1. 您认为当前节水高效农业现状如何 [单选题]*

○非常好

○一般

○不太了解

2. 您及身边的人群是否了解节水高效农业和循环经济发展理念及应用价值 [单选题]*

○非常了解

○一般

○不太了解

3. 您认为当前高效农业节水设施水平如何 [单选题]*

○好

○中

○差

○不太了解

4. 您认为农业地下水资源开发利用水平如何 [单选题]*

○好

○中

○差

○不太了解

5. 您认为当前应用节水农业和循环经济必要性如何 [单选题]*

○非常有必要

○一般

○不太有必要

6. 您认为当前有关节水农业和循环经济的相关政策是否能提供足够指导？[单选题]*

○非常足够

○一般

○不太足够

○暂无相关政策

7. 您认为农业地下水资源开发利用中存在哪些问题？[多选题]*

□地下水超量开采

□作物的灌溉定额偏高

□灌溉方式粗放

□工程老化、管理不善

□种植结构不够合理

□地下水水质恶化、土壤盐渍化加重

8. 您认为制约节水高效农业和循环经济发展的因素有哪些？[多选题]*

□高校在此方面起步较晚

□相关概念仍未普及

□相关理念落实不到位

□缺乏相关政策、制度

□基础设施水平较低

□资源利用和保护力度弱

□其他

9. 您认为节水高效农业和循环经济需要关注哪些问题？[多选题]*

□注重顶层设计，推进制度体系建设

□增强主体责任,加大投资力度
□倡导环保理念,提升参与意识
□其他

10. 您对节水高效农业和循环经济还有哪些建议 [填空题]

　　─────────────────────

衷心感谢您的支持与合作,谢谢!

附录十六

关于对村干部满意度的调查问卷

1. 您的性别 [单选题] *
○男
○女

2. 您的年龄 [单选题] *
○ 20 岁以下
○ 21—30 岁
○ 31—40 岁
○ 41—50 岁
○ 51—60 岁
○ 61 岁以上

3. 您的文化程度 [单选题] *
○初中以下
○初中
○高中
○中专
○大专
○大学本科
○研究生及以上

4. 您和现任村干部熟悉吗？[单选题] *
○非常熟悉
○熟悉
○一般
○不熟悉

5. 您认为现任村干部带头情况如何 [单选题] *

○ 能起到非常好的带头作用

○ 能基本起到带头作用

○ 一般

○ 起不到带头作用

6. 您认为村干部对村发展的作用有哪些？[填空题]

_____

7. 您对现任村干部满意吗 [单选题] *

○ 非常满意

○ 满意

○ 一般

○ 不满意

8. 您期望的村干部是什么样的？[填空题]

_____

参考文献

[1] 中共中央宣传部.习近平总书记系列重要讲话读本[M].北京:学习出版社、人民出版社,2016.

[2] 习近平.决胜全面建成小康社会夺取新时代中国特色社会主义伟大胜利——在中国共产党第十九次全国代表大会上的报告[M].北京:人民出版社,2017.

[3] 习近平.习近平谈治国理政[M].北京:外文出版社,2014.

[4] 中共中央文献研究室.习近平关于"三农"工作论述摘编[M].北京:中央文献出版社,2022.

[5] 中共中央关于全面深化改革若干重大问题的决定[M].北京:人民出版社,2013.

[6] 中共中央关于全面推进依法治国若干重大问题的决定[M].北京:人民出版社,2014.

[7] 本书编写组.中国共产党第二十次全国代表大会文件汇编[M].北京:人民出版社,2022.

[8] 中共中央办公厅国务院办公厅关于加强和改进乡村治理的指导意见[G].北京:人民出版社,2019.

[9] 中国共产党中央委员会.中国共产党农村基层组织工作条例[G].北京:人民出版社,2019.

[10] 中国社会科学院《城镇化质量评估与提升路径研究》创新项目组.中国城镇化质量综合评价报告.经济研究参考,2013,(31):98-101.

[11] 张晓瑞,王振波.基于PP-DEA模型的区域城镇化发展差异的综合评价.中国人口资源与环境,2012,22(2):130-135.

[12] 黄平.统筹城乡环境保护改善城乡生态环境.四川科技报,2009(5):76-79.

[13] 白志华,韩伟宏,金辉.山西省贫困县城镇化发展模式探索.中国农业资源与区划,2012,33(2):83-87.

[14] 王小鲁.中国城市化路径与城市规模的经济学分析.经济研究,2010(10):20-32.

[15] 黄勤,王林梅,贺宇路,等."十二五"时期生态文明建设的区域规划及建议.宏观经济理论,2011(11):52-53.

[16] 卫言.四川省新型城镇化水平及指标体系构建研究.成都:四川师范大学,2012,(5):32-34.

[17] 童长江.城乡经济协调发展评级及模式选择.北京:科学出版社,2013,70-73.

[18] 倪苹城.城镇化质量评价指标体系的构建与实证分析.杭州:浙江工商大学,2013,(5):69-72.

[19] 谢漆湘,邓雅雯.快速城市化背景下的土地问题述评.城市问题,2012,(4):89-94.

[20] 徐理,许倍慎,杜文俊,等.基于PCA-DEA的武汉城市圈土地利用效率实证分析.河北农业科学,2010,14(4):109-112.

[21] 张贵凯.人本思想指导下推进新型城镇化研究.西安:西北大学,2013.

[22] 蒋俊明.生态文明视域下的政府管理模式优化.江苏大学学报:社会科学版,2012,(5):126-128.

[23] 蒋洪方,冯建国.生态文明背景下的背景新型城镇化问题研究.中国农业资源与区划学术年会,2014,(2):49-50.

[24] 顾媛.新型职业农民培养的挑战与建议.中国农业新闻网http://www.farmer.com.cn/xwpd/jjsn/201801/ t20180117_1350886.htm,2018-01-17.

[25] 李术蕊."送教下乡".培育新型职业农民的有效出路——山西省职业教育"送教下乡"跟踪报道[J].中国职业技术教育,2013(28):24-31.

[26] 王琼娟.新型职业农民培养制约因素及应对策略研究[J].当代职业教育,2018(5):16-20.

[27] 何国伟.高职院校培养新型职业农民之困境及路径选择[J].成人教育,

2016(11): 56-60.

[28] 邓叶铭.新型职业农民发展及培育探索[J].现代农村科技,2019(8): 9-10.

[29] 盛宁.荷兰农民职业教育对我国新型职业农民培育的启示[J].现代化农业,2019(8): 45-46.

[30] 彭宾.新型职业农民在线培育平台的设计[J].现代农业装备,2019(4):34-39.

[31] 冯晓霞.乡村振兴的新型职业农民培育:政策创新及启示[J].未来与发展,2019 (7):39-44.

[32] 单廷民.农民工教育培训的现状与对策[J].社会发展,2011(6).

[33] 许东风.新西兰农民工教育培训的经验及启示[J].调研世界,2011(12).

[34] 李彦.新生代农民工职业教育现状分析[J].成人教育,2011(7).

[35] 赵艳萍,吴子国.新生代农民工职业培训的调查分析[J].前言调查,2012(8).

[36] 吴振凡.补偿教育:农民工现代化转型的基本路径[J].成人教育,2012(5).

[37] 邓娅敏,徐恒力.北方地区地下水资源利用中两难选择的途径[J].中国人口资源与环境,2006(1).

[38] 刘昌明、陈志忾.中国可持续发展水资源战略研究报告集[M]第2卷;中国水利水电出版社,2001.

[39] 柯礼丹.人均综合用水量方法预测需水量——观察未来社会用水的有效途径[J].中国人口资源与环境,2004(10).

[40] 吴季松.水资源及其管理的研究与应用[M].中国水利水电出版社,2000.

[41] 姜文来.中国21世纪水资源安全对策研究[J].水科学发展,2001(12).

[42] 朱炜华.稳定就业是促进农民工市民化的首要条件[J].职业,2015,(1).

[43] 聂建江,梁军.农民工需不需要职业规划[OL].新华网,2014-02-28.

[44] 倪鹏飞.新型城镇化的基本模式、具体路径与推进对策[J].江海学刊,2013(1).

[45] 郝彩虹.城乡统筹发展:新型城镇化的基本路径[J].经济研究导刊,2013(31).

[46] 丁波,李雪萍.新型城镇化的核心价新型城镇化背景下四川藏区城镇化动

力机制研究[J].党政研究,2014,(03).

[47] 房冠辛,张鸿雁.值与民族地区新型城镇化发展路径[J].民族研究,2015(1).

[48] 项继权,王明为.新型城镇化:发展战略、动力机制与创新突破[J].城市观察,2015(5).

[49] 耿洪彬,高艳阳.突出基层党组织的政治功能[J].新长征,2018(10):8-9.

[50] 王志远.当前农村基层党组织建设存在的问题与对策研究[J].中共银川市委党校学报,2017,19(6):40-42.

[51] 王桂新.我国城市化发展的几点思考.人口研究,2012(3):37-44.

[52] 李瑛.新时期农村集体产权制度改革问题与对策研究[J].现象研究,2019(9):250.

[53] 胡卫华.扎实推进农村集体产权制度改革[N].西安日报,2018-04-09(009).

[54] 王红兰,魏嘉.国家审计助力乡村振兴战略全面推进的思考[J].江西科技师范大学学报,2022(5):59-64.

[55] 罗志赢,黄晓芬.区域网络视角下国家审计助力乡村振兴路径研究——以贵州省为例[J].农村经济与科技,2022,33(17):223-225.

[56] 仲怀公,王思婕,陈双.基于乡村振兴战略的政策落实跟踪审计研究[J].财会通讯,2022(17):114-118.

[57] 包莲.乡村振兴战略下国家审计的积极影响及实施路径[J].当代会计,2019(4):75-77.

[58] 窦军.乡村振兴中社会审计参与乡村治理的作用与实践路径[J].现代审计与经济,2021(6):15-17.

[59] 王晓红,史向军.新时代国家审计服务乡村治理路径研究[J].西安财经大学学报,2021(1):61-67.

[60] 耿洪彬,高艳阳.突出基层党组织的政治功能[J].新长征,2018(10):8-9.

[61] 王志远.当前农村基层党组织建设存在的问题与对策研究[J].中共银川市委党校学报,2017,19(6):40-42.

[62] 廖日文,章燕妮.生态文明的内涵及其现实意义.中国人口资源与环境,2011,(3):77-80.

[63] 李瑛.新时期农村集体产权制度改革问题与对策研究[J].现象研究, 2019(9): 250.

[64] 胡卫华.扎实推进农村集体产权制度改革[N].西安日报, 2018-04-09(009).

[65] 王耀先,陈剑谰.可持续发展的环境伦理观[M].社会科学文献出版社,1999.

[66] 宁淼,王奇,叶文虎.区域可持续发展战略规划的理论与方法研究[J].中国人口、资源与环境,2006(6).

[67] 万劲波,叶文虎.地方经济推进区域可持续发展能力建设的思考[J].中国软科学,2005(3).

[68] 谢家平,孔令丞.基于循环经济的工业园区生态化研究[J].中国工业经济,2005(8).

[69] 马凯.贯彻和落实科学发展观,大力推进循环经济发展[J].中国能源,2005(10).

[70] 吴礼明.乡村振兴战略背景下构建河南乡村文化建设机制的整体抉择[J].华北水利水电大学学报(社会科学版),2021(7).

[71] Nieves, J., Quintana, A.and Osorio, J., Organizational Knowledge and Collaborative Human Resource Practices as Determinants of Innovation [J].Knowledge Management Research & Practice,2016,14(3):237–245.

[72] Stam, W., Industry event participation and network brokerage among entrepreneurial ventures [J].Journal of Management Studie, 2010, 47(4): 625–653.

[73] 赵利梅,张凤,易晓芹.乡村振兴与农民工返乡创业的双螺旋耦合机制研究——以四川省平武县 GB 村为例的实证分析[J].农村经济,2020(12):49–57.

[74] 蔡兴,蔡海山,赵家章.金融发展对乡村振兴发展影响的实证研究[J].当代经济管理,2019,41(8):91–97.

[75] 李长学.新时代农村基层党组织组织力现状与提升[J].理论导刊,2019(7):23–28.

[76] 赵伟.基层工作疲态的典型表现、根源与治本之策[J].领导科学,2022(1): 23-26.

[77] 刘颖.习近平关于新时代干部教育的重要论述分析[J].长江师范学院学报, 2021,37(5):116-121.

[78] 尤琳,魏日盛.乡村振兴战略背景下提升村级党组织组织力研究[J].社会主义研究,2022(1):122-129.

[79] 中国共产党第十九届中央委员会第六次全体会议公报[EB/OL].(2021-11-11)[2021-11-12]. http://cpc.people.com.cn/n1/2021/111/c64387-32280050.html.

[80] 黄承伟.脱贫攻坚有效衔接乡村振兴的三重逻辑及演进展望[J].兰州大学学报(社会科学版),2021,49(6):1-9.

[81] 尹成杰.巩固拓展脱贫攻坚成果同乡村振兴有效衔接的长效机制与政策研究[J].华中师范大学学报(人文社会科学版),2022,61(1):25-30.

[82] 吴健.农村金融高质量发展精准服务乡村振兴[J].人民论坛,2022(6): 93-95.

[83] 邵晓翀,杜尔玏.金融助力乡村振兴的现实基础、理论逻辑与实践路径——基于新发展格局视角[J].技术经济与管理研究,2021(10):76-80.

[84] 郭俊华,卢京宇.产业兴旺推动乡村振兴的模式选择与路径[J].西北大学学报(哲学社会科学版),2021,51(6):42-51.

[85] 刘桂芝,白向龙.新时代农地"三权分置"改革的共享发展机制研究[J].当代经济研究,2021(7):37-47.

[86] 文丰安.党组织领导乡村治理:重要意义、现实困境及突破路径[J].西南大学学报(社会科学版),2022,48(3):1-11.

[87] 刘恋.乡村振兴背景下乡村文化的现代性转型[J].湖湘论坛.2022,35(3): 120-128.

[88] 梅乐堂.职业教育助力乡村振兴研究[J].教育与职业,2022(17):40-43.

[89] 郭宇坤.以乡村振兴推进共同富裕的实践路径探析[J].石河子大学学报(哲学社会科学版),2022,36(6):25-31.

[90] 文丰安.乡村振兴战略下农业生态治理现代化:理论阐释、问题审视及发展进路[J].经济体制改革,2022(1):82-87.

[91] 孙瑜.乡村振兴战略视野下农村人力资源开发模式探析[J].农业经济,2021(9):74-76.

[92] 王春萍,段永彪,任林静.中央部委乡村振兴政策文本量化研究:基于政策工具视角的一个三维分析框架[J].农业经济与管理,2021(3):15-27.

[93] 邓创,曹子雯.中国经济高质量发展水平的测度与区域异质性分析[J].西安交通大学学报(社会科学版),2022(2):31-39.

[94] 刘在洲,张春珍.乡村振兴背景下农村高等教育普及化发展的理论逻辑与实践方略[J].华中农业大学学报(社会科学版),2022(6):124-134.

[95] 罗重谱,高强.乡村振兴战略背景下新型订单农业的运作模式及其高质量发展路径[J].宏观经济研究,2022(5):94-103+110.

[96] 马一先,邓旭.乡村教育助力乡村振兴的价值意蕴、目标指向与实践路径[J].现代教育管理,2022(10):50-57.

[97] 魏昊,夏英.金融知识匮乏视角下农户信贷认知偏差与背离——基于区域经济发展不平衡下的异质性分析[J].农业技术经济,2022(6):94-108.

[98] 张婷婷,李政.我国农村金融发展对乡村振兴影响的时变效应研究——基于农村经济发展和收入的视角[J].贵州社会科学,2019(10):159-168.

[99] 古川,尹宁,赵利梅.社会网络与产业生态交互赋能下青年返乡创业的演进机制[J].农村经济,2021(9):128-134.

[100] 吴晓燕,赵普兵.回归与重塑:乡村振兴中的乡贤参与[J].理论探讨,2021(4):158-164.

[101] 严宇珺,龚晓莺.新发展格局助推乡村振兴:内涵、依据与路径[J].当代经济管理,2022(7):57-63.

[102] 张强,张怀超,刘占芳.乡村振兴:从衰落走向复兴的战略选择[J].经济与管理,2018(1):6-11.

[103] 张海鹏,郄亮亮,闫坤.乡村振兴战略思想的理论渊源、主要创新和实现路径[J].中国农村经济,2018(11):2-16.

[104] 贺雪峰.关于实施乡村振兴战略的几个问题[J].南京农业大学学报(社会科学版),2018(3):19-26.

[105] 王青,刘亚男.中国乡村振兴水平的地区差距及动态演进[J].华南农业大学学报(社会科学版),2022(2):98-109.

[106] 纪志耿,罗倩倩.习近平关于乡村振兴重要论述的发展脉络与创新性贡献[J].经济学家,2022(4):5-16.

[107] 张海鹏,郄亮亮,闫坤.乡村振兴战略思想的理论渊源、主要创新和实现路径[J].中国农村经济,2018(11):2-16.

[108] 张勇.在法制框架内重塑村规民约的时代价值[N].重庆日报,2015-07-15.

[109] 张兵.加强村规民约工作助推乡村治理现代化[N].中国社会报,2020-04-20.

[110] 牛铭实.中国历代乡规民约[M].北京:中国社会出版社,2014.

[111] 陈永蓉.乡村振兴战略背景下的村规民约建设路径研究[M].北京:武汉大学出版社,2019.

[112] 高其才.当代中国村规民约[M].北京:中国政法大学出版社,2022.

[113] 俞可平.治理与善治[M].北京:社会科学文献出版社,2000

[114] 中共中央关于加快农业发展若干问题决定(草案)[EB/OL].(2013-03-03)[2022-10-20].https://www.doc88.com/p-2522951843043.html.

[115] 国务院关于积极实行农科教结合推动农村经济发展的通知[EB/OL].(2022-09-25[2022-10-20].https:/code.fabao365.com/law_33261.html.

[116] 中共中央国务院关于实施乡村振兴战略的意见[EB/OL].(2018-06-02)[2022-10-20].http:/ www.huarong.gov.cn /33159 /37006 /37009 /37617 /37793 /content _ 145 7413.html.

[117] 中共中央国务院关于全面推进乡村振兴加快农业农村现代化的意见[EB/OL].(2021-02-21)[2022-10-20]. http://www.gov.cn/xinwen /2021-02 /21/ content _ 5588098.htm.

[118] 中共中央办公厅国务院办公厅关于加快推进乡村人才振兴的意见[EB/OL].(2021-02-23)[2022-10-20].

[119] 全国人民代表大会.中华人民共和国乡村振兴促进法[EB/OL].(2021-04-

29)[2022-10-20].http:/ www.hnxtyt.gov.cn /17407/17408/17425 /20561 / content _1028 199.html.

[120] 中共中央国务院关于做好二〇二二年全面推进乡村振兴重点工作的意见[EB/OL].(2022-03-14)[2022-10-20]. https://jrxy.fjjxu.edu.cn /2022 /0424 /c285a87058 /page.htm.

[121] 马宽斌,黄丽丽.新中国成立70年农村职业教育研究回顾与思考[J].成人教育,2021,41(12):56-64.

[122] 仝志辉.中国乡村治理体系构建研究[M].武汉:华中科技大学出版社,2021.

[123] 仝志辉.农村基层干部一线工作一本通[M].北京:东方出版社,2022.

[124] 翁鸣.农村党建与乡村治理[M].北京:中国农业出版社,2022.

[125] 钟海."三治融合"基层社会治理创新研究[M].北京:中国社会科学出版社,2021.

[126] 李建伟.我国乡村治理创新发展研究[M].北京:人民出版社,2020.

[127] 王少伯.新时代乡村治理现代化研究[M].北京:知识产权出版社,2021.

[128] 贺雪峰.监督下乡——中国乡村治理现代化研究[M].南昌:江西教育出版社,2021.

[129] 费孝通.乡土中国[M].北京:人民出版社,2015.

[130] 徐勇.乡村治理与中国政治[M].北京:中国社会科学出版社,2003.

[131] 徐勇.中国农村村民自治[M].武汉:华中师范大学出版社,1997.

[132] 徐勇,项继权.村民自治进程中的乡村关系[M].武汉:华中师范大学出版社,2003.

[133] 陈光金.中国乡村现代化的回顾与前瞻[M].长沙:湖南出版社,1996.

[134] 包莲.乡村振兴战略下国家审计的积极影响及实施路径[J].当代会计,2019(4):75-77.

[135] 窦军.乡村振兴中社会审计参与乡村治理的作用与实践路径[J].现代审计与经济,2021(6):15-17.

[136] 王晓红,史向军.新时代国家审计服务乡村治理路径研究[J].西安财经大

学学报,2021(1):61-67.

[137] Fontana Benedetto, Gary Remer.Talking Democracy : Historical Perspectives on Rhetoric and Democracy[M]. University Park : Pennsylvania State University Press,2004.

[138] Dryzek' John.Deliberative Democracy and Beyond: Liberals, Critics, Contestations[M].Oxfod: Oxfod University Press,2000.

[139] John Dry Zek: Deliberative Demoeracy and Beyond[M].Oxford University Press, 2000.

[140] Baxter J, Trebilcock M. Formalizing Land Tenure in First Nations:Evaluating the Case for Reserve Tenure Reform[J]. Indigenous Law Journal, 2008, 7(2): 45-122.

[141] Jaeger W K. The Effects of Land-Use Regulations on Property Values Symposium Essay[J]. Environmental Law, 2006, 36(1):105-130.

[142] Brandt L, Huang J, Rozelle LS.Land Rights in RuralChina: Facts, Fictions and Issues[J].China Journal,2002(47):67-97.

[143] David Osborne, Ted Garble.Reinventing Government:How the Entrepreneurial Spirit Is Transforming the Public Sector[M]. Addison-Wesley Publishing Company, Inc.1992.

[144] Lin Nan.Local Market Socialism:Local Corporation in Action in Rural C hina[J].Theory and Society,1995(3).

[145] Shue Vivienne.The Reach of the State: Sketches of the Chinese Body Poli tic[M].Stanford University Press,1998.

[146] Bachleitner, Reinhard. U. Salzburg, Salzburg, Austria;Zins, Andreas H.Cultural Tourism in Rural Communities The Residents' Perspective[J].Journal of Business Research.1999, Vol.44(NO.3): 199-209.

[147] Besley, Timothy1; Coate, Stephen2.Centralized versus decentralized provision of local public goods:a political economy approach[J].

Journal of Public Economics.2003,Vol.87(NO.12):2611-2637.

[148] Kim, Jin; Frank-Miller, Ellen.Poverty, Health Insurance Status, and Health Service Utilization Among the Elderly.[J].Journal of Poverty. 2015,Vol.19(No.4):424-444.

[149] Luo R, Zhang L, Huang J, etal. Elections, fiscal reform and public goods provision in rural China [J].Journal of Comparative Economics, 2007, 35(3):583-611.

[150] Xinye ZHENG, Fanghua LI, Shunfeng SONG, Yhua YU, Central government's infrastructure investment across Chinese regions:A dynamic spatial panel data approach[J]. China Economic Review. 2013 (27):264-276 hina Economic Review.2013:264-276.

[151] Zhang, Linxiu, Renfu Luo, Chengfang Liu, and Scott Rozelle. Investing in rural China: tracking China's commitment to modernization[J]. Chinese Economy, 2006, 39(4):57-84.